AF284878

Windows 11 – 22H2
Herbst-Update 2022

Alles zum großen Funktions-Update

Wolfram Gieseke

Windows 11 – 22H2 Herbst-Update 2022

Alles zum großen Funktions-Update

Alle neuen Funktionen

Neue Apps für Musik, Videos & Fotos

Die neuesten Sicherheitsfunktionen

Versteckte Änderungen & Details

Die Deutsche Nationalbibliothek verzeichnet diese Publikation in der Deutschen Nationalbibliografie; detaillierte bibliografische Daten unter http://dnb.dnb.de

© 2022 Wolfram Gieseke

Herstellung und Verlag: BoD – Books on Demand, Norderstedt

ISBN: 978-3-7568-5760-9

Vorwort

Mit 22H2 liegt nun das erste große Funktions-Update für Windows 11 vor und wartet darauf, installiert und entdeckt zu werden.

Und wie es sich für so ein großes Update gehört, umfasst es nicht nur Fehlerkorrekturen und kosmetische Eingriffe, sondern bringt grundlegende Änderungen und ganz neue Funktionen mit sich. Im Fokus steht diesmal der Datei Explorer, der nun beispielsweise mehrere Ordner gleichzeitig in jeweils eigenen Tabs öffnen kann. Auch die Snap-Layouts bieten neue Möglichkeiten und wie immer wurde im Sicherheitsbereich nachgebessert, um den Anwendern mehr Schutz zu bieten. Außerdem bringt Windows mit Clipchamp eine neue App zur einfachen Videobearbeitung mit. Und, und, und...

Unter www.gieseke-buch.de finden Sie mein Blog mit Informationen und Ergänzungen zu meinen Büchern. Dort können Sie auch gerne mit mir in Kontakt treten und Ihre Anregungen und Fragen loswerden. Nun aber erst mal viel Vergnügen und spannenden Erkenntnisse beim Entdecken der neuen Funktionen von Windows 11 22H2.

Wolfram Gieseke

Inhaltsverzeichnis

Das Funktions-Update durchführen

Beim Funktions-Update 22H2 handelt es sich – zumindest auf absehbare Zeit – um ein optionales Update. Es wird also nicht automatisch eingespielt, sondern in den Windows-Einstellungen unter Windows Update lediglich zur Installation angeboten. Klicken Sie hier auf *Herunterladen und installieren*, wenn Sie das Funktions-Update einspielen möchten.

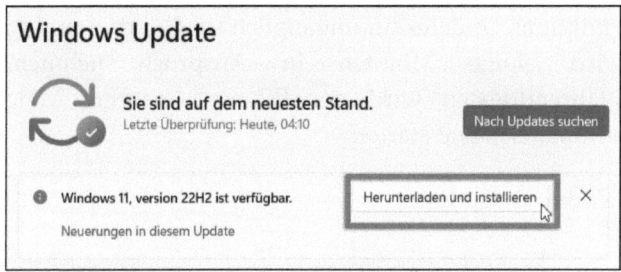

Stimmen Sie dann mit einem Klick auf *Akzeptieren und installieren* den Lizenzbedingungen für das Update zu. Anschließend wird das Funktions-Update im Hintergrund heruntergeladen und installiert. Sie können den PC währenddessen ganz normal weiter nutzen.

Wenn die Installation abgeschlossen ist, wird Windows sich automatisch melden und einen Neustart verlangen, der für das Einspielen des Funktions-Updates unumgänglich ist. Dieser Vorgang wird einige Minuten in Anspruch nehmen. Währenddessen wird der PC ggf. mehrere Male automatisch neu starten.

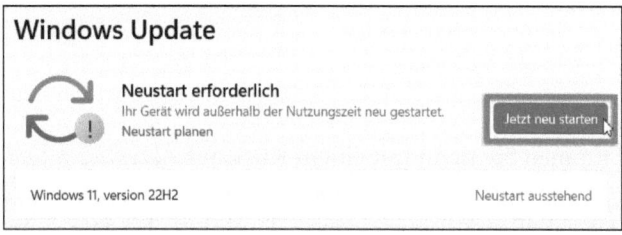

Nach erfolgreicher Installation erfolgt ein letzter Windows-Startvorgang, der etwas länger als gewohnt benötigt. Hierbei werden die abschließenden Änderungen vorgenommen. Danach präsentiert sich Windows in der Version des Funktions-Updates 22H2. Sie können diese mit dem Befehl *winver* im Suchfeld der Taskleiste leicht überprüfen.

22H2 wird nicht angeboten?

Falls Ihr PC Ihnen keine Möglichkeit bietet, das 22H2-Update einzuspielen, ist das erstmal kein Grund zur Beunruhigung. Microsoft liefert solche Updates in Wellen aus, wodurch es nach und nach allen Anwendern zugänglich sein sollte. Außerdem werden Updates immer wieder für PCs mit bestimmten Hardware- oder Softwarekonfigurationen vorläufig blockiert. Dann liegt ein Problem für diese speziellen PCs vor, weshalb das Update (noch) nicht eingespielt werden sollte. In solchen Fällen ist es das Beste, etwas Geduld zu haben.

Alternativ können Sie das Update jederzeit unter *www.microsoft.com/software-download/windows11* manuell anstoßen bzw. ein passendes Installationsmedium erstellen. Sollte Ihr PC nicht die offiziellen Hardware-Voraussetzungen für Windows 11 erfüllen, beachten Sie den nachfolgenden Abschnitt.

Upgrade scheitert an veralteten Treibern

Wenn Ihnen das Funktions-Update nicht angeboten wird, und Sie es deshalb wie vorangehend beschrieben selbst durchführen müssen, zeigt Ihnen der Setup-Assistent eventuell, *Worum Sie sich kümmern sollten*. Dadurch erfahren Sie ggf. auch, warum Ihnen das Update nicht angeboten wurde.

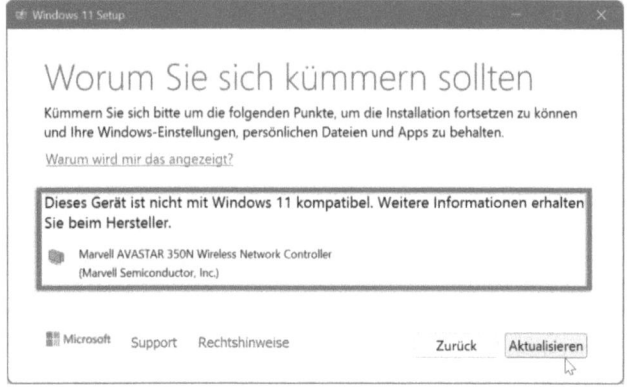

Eine häufige Ursache sind Hardware-Treiber, welche die Anforderungen der neuesten Windows-Version nicht mehr erfüllen. Das führt dann zu Problemen, wenn auch Windows-Update keine neueren Treiber für die Hardware beschaffen kann. Dann bleiben folgende Möglichkeiten:

▷ Informieren Sie sich beim Hersteller der Hardware, ob der eine neuere Treiberversion liefern kann oder vielleicht bereits entwickelt, welche zum neuesten Windows kompatibel ist.

➤ Deaktivieren Sie die Hardware im Geräte-Manager, bevor Sie die Upgrade-Installation durchführen. Dies geht leider nur bei peripheren Komponenten, die zum Betrieb des PCs nicht unerlässlich sind. Einen Versuch ist es allemal wert. Nach erfolgreichem Upgrade würde ich versuchen, die Komponenten wieder aktivieren.

➤ Manche Komponenten lassen sich vorübergehend oder ggf. dauerhaft durch Alternativen ersetzen. Wenn beispielsweise der fest verbaute WLAN-Adapter Probleme macht, kann man ihn durch ein aktuelles externes Modell am USB-Anschluss ersetzen.

Windows 11 nur mit Tricks installiert?

Wenn Sie Windows 11 nur mit Registry-Tricks auf Ihrem PC installieren konnten, etwa weil der Prozessor offiziell nicht unterstützt wird oder weil nicht die passende TPM-Version aktiv ist, könnte es auch beim Funktions-Upgrade zu Problemen kommen. Sofern Ihnen das Update wie vorangehend beschrieben von Windows selbst angeboten wird, können Sie es bedenkenlos herunterladen und installieren. Wenn aber Windows das Update wegen der fehlenden Hardware-Voraussetzungen gar nicht erst anbietet, müssen Sie selbst aktiv werden.

1. Starten Sie den Registry-Editor und öffnen Sie darin den Schlüssel *HKEY_LOCAL_MACHINE/ SYSTEM/ Setup*.

2. Sofern dieser Schlüssel noch keinen Unterschlüssel namens *MoSetup* enthält, fügen Sie diesen mit *Bearbeiten/Neu/Schlüssel* hinzu.

3. Legen Sie dann im Schlüssel *MoSetup* rechts einen neuen DWORT-Wert (32-Bit) mit dem Namen *AllowUpgradesWithUnsupportedTPMOrCPU* an.

4. Öffnen Sie den neuen Eintrag und ändern Sie den Wert auf *1*.

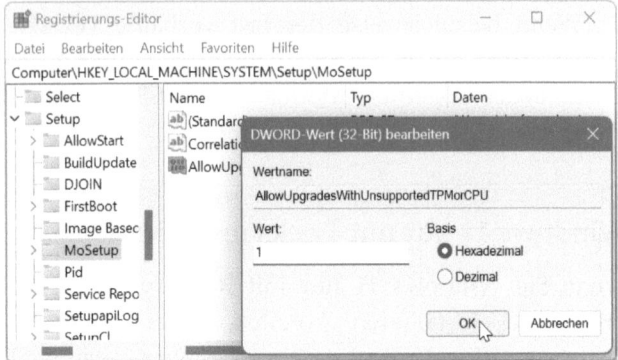

5. Laden Sie dann die aktuelle Windows-Version als ISO-Datei herunter (siehe vorangehender Abschnitt) und speichern Sie diese auf dem betroffenen PC.

6. Öffnen Sie die Datei anschließend. Sie wird dadurch als virtuelles Laufwerk im Datei Explorer eingehängt und geöffnet.

7. Starten Sie darin die Datei *setup.exe*.

8. Ab hier können Sie das Windows-Setup ganz regulär durchlaufen. Es führt ein Inplace-Upgrade

auf die aktuelle Windows-Version durch. Die alte Windows-Version wird also durch die neue ersetzt, wobei alle Ihre Dateien, Einstellungen und installierte Anwendungen erhalten bleiben.

9. Falls der Setup-Assistent Sie auf nicht ausreichende Gerätevoraussetzungen hinweist, bestätigen Sie Warnung, um den Vorgang fortzusetzen.

Neue Funktionen kommen als „Momente"

Auch wenn es vorläufig bei einem großen Funktions-Update pro Jahr bleiben soll, will Microsoft über das Jahr verteilt immer wieder neuen Funktionen über den normalen Update-Mechanismus ausliefern. Microsoft spricht hierbei von „Momente".

Ein Beispiel für einen solchen Moment sind die Registerkarten im Datei Explorer. Die Funktionalität dafür ist bereits im 22H2-Funktions-Update enthalten. Allerdings wurden die Registerkarten nicht sofort mit dem Funktions-Update für alle aktiviert. Das erledigt etwas später ein kleines Moments-Update, das die Funktion nur noch freischaltet.

Was sich Microsoft von dieser Scheibchenweise-Strategie verspricht, kann man nur mutmaßen. Wenn es nach dem Erscheinen dieses Buchs weitere spannende neue Funktionen gibt, werde ich im meinem Blog unter *www.gieseke-buch.de* darüber berichten.

Neue Funktionen im Startmenü

Ein häufiger Kritikpunkt am Startmenü von Windows 11 waren die überschaubaren Möglichkeiten zur Anpassung, die von vielen Anwendern eher als Rückschritt wahrgenommen wurden. Microsoft hat darauf reagiert und zumindest einige Gestaltungsoptionen zurückgebracht. So kann man nun wieder App-Symbole gruppieren und in eigenen Ordnern innerhalb des Startmenüs zusammenfassen. Auch das grundsätzliche Layout des Menüs lässt sich nun zumindest in Grenzen individuell anpassen.

Apps in Ordnern gruppieren

Um im Startmenü ganz nach Ihrem Bedarf mehr Ordnung und Übersicht zu schaffen, können Sie die Symbole dort nun in Ordner gruppieren. So können Sie beispielsweise thematisch zusammenhängende Apps in einer Gruppe zusammenfassen und dieser einen aussagekräftigen Namen geben. Um eine der Apps zu starten, klicken Sie ab dann im Startmenü zunächst auf die Gruppe und dann auf das Symbol der App.

1. Um eine Gruppe entstehen zu lassen, benötigen am Anfang zunächst zwei Symbole im Startmenü, die dieser Gruppe angehören sollen.

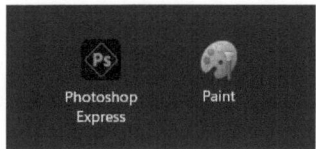

2. „Ergreifen" Sie eines der beiden Symbole, indem Sie es mit der linken Maustaste anklicken und diese gedrückt halten.

3. Bewegen Sie nun den Mauszeiger auf das andere Symbol. Nähern Sie sich dabei am Besten langsam, bis das Symbol sich in ein graues Viereck verwandelt, dass das ursprüngliche Symbol nur noch in einer Ecke anzeigt.

4. Lassen Sie die Maustaste dann los. An Stelle des Zielsymbols wird nun ein Kästchen angezeigt, das die beiden Symbole als Minibilder enthält und den Namen *Ordner* trägt.

Einem so gebildeten Ordner können Sie beliebig weitere Symbole hinzufügen, indem Sie den beschriebenen Vorgang wiederholen und dabei den Ordner als Ziel wählen.

Ordner mit eigenen Namen versehen

Die generische Standardbezeichnung „Ordner" ist wenig aussagekräftig und insbesondere mehrere Gruppen mit diesem Namen ergeben wenig Sinn. Sie können die Bezeichnung jedes Ordners aber beliebig anpassen.

1. Klicken Sie einen Ordner dazu mit links an, um ihn zu öffnen.

2. Klicken Sie dann oben auf den Namen des Ordners bzw. *Namen bearbeiten*.

3. Der Namenszug wandelt sich dann in ein Textfeld um, in dem Sie die gewünschte Bezeichnung für diesen Ordner eintippen können. Drücken Sie abschließend **[Eingabe]**.

4. Ab sofort wird der Ordner mit der gewählten Bezeichnung im Startmenü angezeigt.

<u>Ordner an den Anfang des Startmenüs</u>
Im Explorer und auch bei anderen Gelegenheiten findet man Ordner häufig am Anfang der Liste, bevor dann einzelne Dateien folgen. Wenn Sie dies auch im Startmenü bevorzugen, können Sie die Ordner manuell an den Anfang der Liste ziehen. Oder Sie klicken einen Ordner mit rechts an und wählen im Kontextmenü *Nach vorn verschieben*. (Diesen Menüeintrag finden Sie auch im Kontextmenü von App-Symbolen, aber für Ordner ist er besonders hilfreich.)

Das Layout des Startmenüs anpassen

Das Layout des Startmenüs war bislang fixiert: Suchleiste, App-Symbole und darunter Empfehlungen, die beispielsweise die zuletzt hinzugefügten Apps enthalten. Dieses grundsätzliche Layout bleibt auch erhalten, aber die Anwender können nun wählen, welche Elemente ihnen wichtiger sind. Dementsprechend wird den angehefteten Apps oder den Empfehlungen mehr Raum eingeräumt.

1. Um zur dieser Einstellung zu gelangen, können Sie eine ebenfalls neue Abkürzung nutzen: Wenn

Sie an einer freien Stelle des Startmenüs mit rechts klicken, wird nun ein Menü mit dem Eintrag *Starteinstellungen* angezeigt. Alternativ navigieren Sie in den Windows-Einstellungen in den Bereich *Personalisierung/Start*.

2. Hier finden Sie ganz oben den Abschnitt *Layout* mit den drei Optionen:

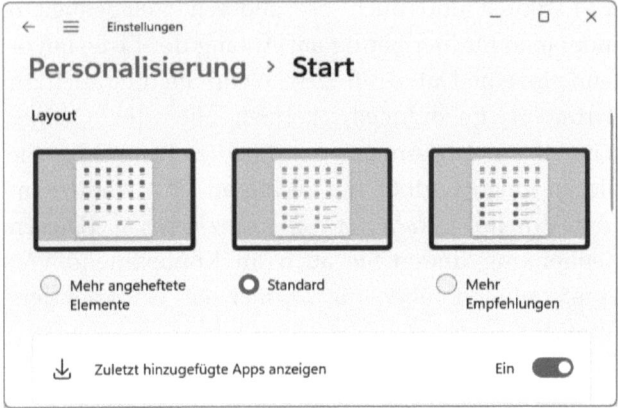

▶ *Mehr angeheftete Elemente* – Möchten Sie möglichst viel Platz für angeheftete Apps, wählen Sie diese Option. Sie nutzt fast den gesamten verfügbaren Platz für die App-Liste und beschränkt sich auf eine einzelne Zeile mit Empfehlungen ganz unten.

▶ *Standard* – Dies entspricht der bisherigen fixen Einteilung, die etwa genauso viel Platz für App-Liste wie für Empfehlungen einräumt.

▶ *Mehr Empfehlungen* – Wenn Sie nur wenige Apps ans Startmenü angeheftet haben bzw. zum Starten Ihrer Apps meiste die Taskleiste usw. nutzen, dann können Sie mit dieser Variante den meisten Platz im Startmenü für die dynamischen Empfehlungen reservieren.

3. Die Änderungen wirken sich direkt aus. Sie können also eine der Optionen anwählen und dann das Startmenü öffnen (beispielsweise mit **[Win]**) und die Auswirkung überprüfen.

4. Haben Sie das bevorzugte Startmenü-Layout gefunden, schließen Sie die Einstellungen.

„Überlauf" in der Taskleiste

Sollten Sie es schaffen, so viele Anwendungen gleichzeitig zu öffnen, dass der Platz in der Taskleiste nicht mehr für alle Symbole reicht, bietet Windows dafür nun eine neue Lösung: Wenn sich nicht mehr alle Symbole nebeneinander in der Taskleiste anzeigen lassen, legt Windows automatisch einen „Überlauf" ähnlich wie im Infobereich rechts an. Das ganz rechte Symbol wird dann durch drei Punkte ersetzt. Wenn Sie darauf klicken, zeigt die Taskleiste links einen zusätzlichen Bereich an. Dieser enthält die Symbole, die nicht mehr in die Taskleiste passen. (Warum das Überlaufsymbol rechts, der Überlauf dann aber ganz links angezeigt wird, erschließt sich wohl nur den Oberflächen-Designern bei Microsoft.)

Wischgesten im Startmenü

Wer Windows auf einem Gerät mit Touchscreen nutzt, wird die folgenden Wischgesten zu schätzen wissen:

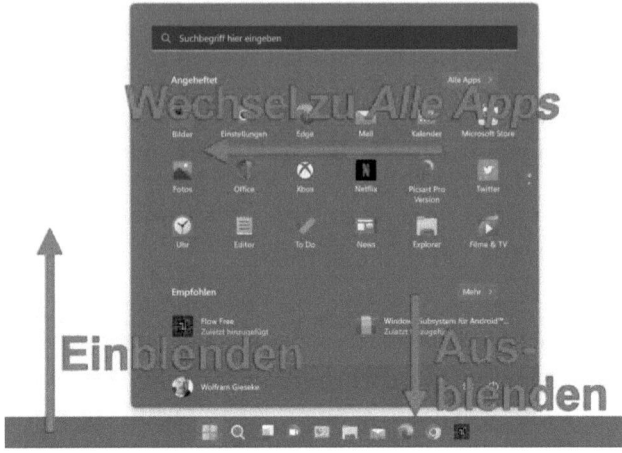

▷ Wenn Sie den Finger irgendwo auf der Taskleiste platzieren und dann eine Wischbewegung nach oben ausführen, wird das Startmenü eingeblendet. Dieselbe Wirkung erreichen Sie durch einfaches Antippen des Windows-Symbols in der Taskleiste. Aber die Wischgeste ist ggf. flüssiger und man muss nicht so genau zielen.

▷ Während das Startmenü geöffnet ist können Sie darin jederzeit nach links wischen, um zur *Alle Apps*-Liste zu wechseln. Wischen Sie in dieser Ansicht wiederum nach rechts, um zu den angehefteten Apps zurückzukehren.

▶ Zum Ausblenden des Startmenüs können Sie eine Wischgeste nach unten verwenden. Achten Sie dabei darauf, nicht im Bereich der App-Symbole zu wischen, sondern darüber oder darunter.

Und sonst so?

Es gibt noch weitere kleine Neuheiten bei Startmenü und Taskleiste, die ich hier kurz erwähnen möchte:

▶ App-Symbole in der Taskleiste können nun blinken, um den Anwender auf etwas Wichtiges aufmerksam zu machen. Wenn Sie so aufdringliches Verhalten eher nervt, können Sie es in den Windows-Einstellungen abschalten. Im Bereich *Personalisierung/Taskleiste* finden Sie dafür Option *„Blinken auf der Taskleiste"-Apps anzeigen*.

▶ Eine Neuerung aus dem Bereich klein, aber fein: Wenn Sie den Mauszeiger kurz über dem Lupensymbol der Taskleiste 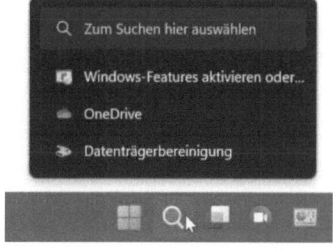 verharren lassen, zeigt der eine Liste der zuletzt eingegebenen Suchbegriffe ein. Die ist selbstverständlich zugleich ein Menü, in dem Sie einen der Suchbegriffe direkt auswählen können. So lassen sich Suchen wiederholen, ohne den Begriff erneut eintippen zu müssen.

Fenster noch schneller anordnen

Die mit Windows 11 eingeführten Snap-Layouts erweitern die Schaltfläche zum Maximieren bzw. Wiederherstellen eines Fensters um eine praktische Layout-Hilfe, mit der man ein Fenster per Mausklick beispielsweise exakt als linke Bildschirmhälfte anordnen kann. Und auch der verbleibende Bildschirmplatz lässt sich dann mit ein, zwei Mausklicks einer anderen Anwendung zuweisen.

Snap Layouts optimal anwenden

Snap Layouts führen diesen Ansatz weiter und bieten eine zentrale Leiste am oberen Bildschirmrand, mit der sich Anwendungsfenster jederzeit platzieren lassen.

1. Wann immer Sie in Fenster an der Titelleiste ergreifen und über den Bildschirm bewegen, wird am oberen Bildschirmrand eine schmale Leiste eingeblendet.

2. Ziehen Sie das Fenster auf die schwarze Leiste, um diese vollständig anzuzeigen.

3. Die Leiste klappt dann aus und zeigt Ihnen die verfügbaren Gestaltungsvarianten an. Dabei handelt es sich um mehrere stilisierte Bildschirme, die jeweils in verschieden aufgeteilte Bereiche unterteilt sind.

4. Ziehen Sie den Mauszeiger auf den Bereich, in dem das Fenster angeordnet werden soll. Auf dem (echten) Bildschirm wird dieser Bereich nun mit einer grauen Fläche versehen, um Ihnen eine zusätzliche Orientierung zu geben.

5. Sind Sie mit dem Ergebnis zufrieden, lassen Sie die Maustaste los. Das Fenster wird nun automatisch auf die passende Größe gebracht und an der gewünschten Position platziert.

6. Gleichzeitig wird der andere (bzw. nächste) Bereich dieses Layouts optisch hervorgehoben und darin kleine Vorschauen aller aktiven Fenster angezeigt, die in diesen Bereich eingepasst werden können. Klicken Sie eine davon an, um das Fenster für diesen Bereich auszuwählen.

7. Dieser Vorgang wird ggf. wiederholt, bis alle Bereiche des gewählten Layouts mit Fenstern versehen sind.

Auf diese Weise können Sie alle Bereiche eines gewählten Bildschirmlayouts jederzeit mit wenigen Mausklicks nach Ihren Wünschen gestalten.

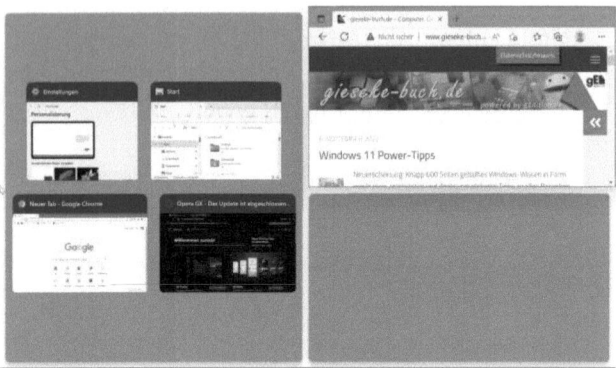

Fenster fehlt in der Auswahl?
In einem Bereich werden immer nur die Fenster zur Auswahl angezeigt, die sich in diesen Bereich einpassen lassen. Wenn eine Anwendung eine feste Fenstergröße hat oder sich das Fenster beispielsweise nicht unterhalb einer bestimmten Mindestbreite verkleinern lässt, dann wird es gar nichts erst zur Auswahl angeboten.

Browser-Register anordnen

Für Nutzer des Edge-Webbrowser bieten die Fenster-Layouts zusätzliche Möglichkeiten in Verbindung mit mehreren gleichzeitig geöffneten Webseiten in verschiedenen Registern. In der Übersicht der geöffneten Fenster zum Anordnen in einem freien Bereich werden jeweils die einzelnen Register von Edge angezeigt, wenn mehr als eines geöffnet ist. So können Sie auswählen, welche der gleichzeitig angezeigten Webseiten in diesen Bereich eingepasst werden soll.

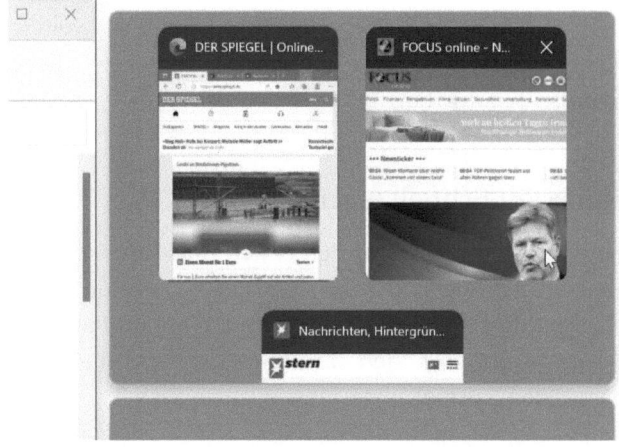

Solange Sie nur eines der Register auf dem Bildschirm anordnen, wird der Edge-Browser insgesamt mit allen Registern in diesen Bereich platziert. Sie können innerhalb des Bereichs dann wie gewohnt zwischen den Registern wechseln. Sobald Sie ein zweites Register in einem weiteren Bereich anordnen möchten, verschiebt Windows dieses automatisch in ein eigenes Browser-Fenster, so als ob Sie im Kontextmenüs des Registerreiters *Tab in neues Fenster verschieben* wählen würden.

Neuerungen beim Datei Explorer

Mit der Einführung von Windows 11 war der Datei Explorer runderneuert und modernisiert worden. Nicht alle Änderungen stießen überall auf Gegenliebe. So gibt es weiterhin Unmut darüber, dass manche Funktionen nun nur noch umständlich über verschachtelte Menüs erreichbar sind. Daran ändern auch 22H2 erstmal nichts. Dafür bringt es weitere Neuerungen mit, die wiederum geteiltes Echo hervorrufen dürften.

Start statt Schnellzugriff

Eine Neuerung fällt auf den ersten Blick ins Auge, ist aber überwiegend kosmetischer Natur. Im Navigationsbereich ganz oben finden Sie nun anstelle des *Schnellzugriff* den Eintrag *Start* nebst einem passenden Symbol.

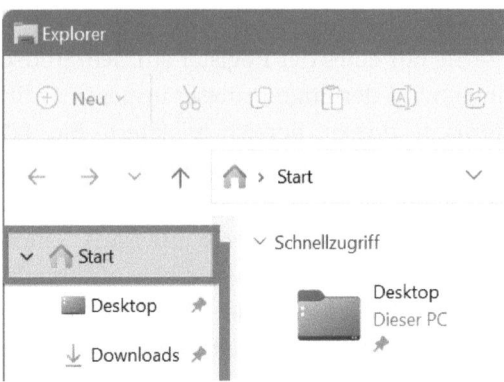

Hierbei handelt es sich um eine rein optische Veränderung ohne funktionelle Auswirkungen. Sie können den Abschnitt *Start* also ganz genauso nutzen wie zuvor den Abschnitt *Schnellzugriff*. Die Umbenennung ist nicht mal konsequent durchgeführt, denn um beispielsweise eigene Ordner in den Start-Abschnitt aufzunehmen, verwenden Sie im Kontextmenü des Explorers weiterhin die Funktionen *An Schnellzugriff anheften* bzw. *Aus Schnellzugriff entfernen*.

Im Grunde genommen entsteht durch die Umbenennung sogar unnötige Verwirrung, denn im Kontextmenü befindet sich (weiterhin) auch die Funktion *An "Start" anheften*. Diese aber fügt Elemente eben nicht in den Abschnitt *Start* im Navigationsbereich des Explorers ein, sondern ins Windows-Startmenü.

31

Dateien als Favoriten im Start ablegen

An den bisherigen Schnellzugriff ließen sich nur Ordner anheften, aber keine einzelnen Dateien. Wenn Sie den neuen Startbereich öffnen, finden Sie rechts im Datei Explorer nun zusätzlichen einen Abschnitt *Favoriten*. Dieser enthält Dateien, die Sie als Favoriten markiert haben, um sie unabhängig vom Speicherort jederzeit schnell finden und öffnen können.

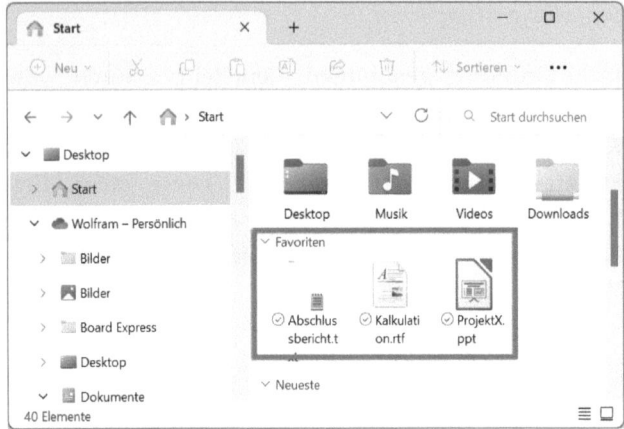

Um eine Datei zum Favoriten zu machen, klicken Sie mit rechts darauf und wählen im so geöffneten Kontextmenü den Befehl *Zu Favoriten hinzufügen*.

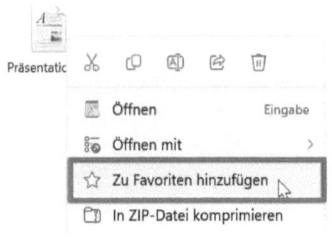

Sollten Sie Dateien später wieder aus dem Kreis der Favoriten verbannen wollen, klicken Sie sie erneut mit der rechten Maustaste an und wählen diesmal den Befehl *Aus Favoriten entfernen*. Wichtig: Dieser Befehl steht nur im Favoritenbereich zur Verfügung, nicht wenn Sie die Datei an ihrem regulären Speicherort anklicken.

Favoriten nur Verknüpfungen zu realen Dateien
Die in den Favoriten angezeigten Dateien sind Verknüpfungen zur tatsächlichen Datei am originalen Speicherort. Es handelt sich also nicht um zusätzliche Kopien o. ä. Wenn Sie eine Datei hier öffnen und bearbeiten, wirkt sich das immer auf die reale Datei am eigentlichen Speicherort aus. Die Verknüpfungen werden von Windows übrigens automatisch aktuell gehalten. Wenn Sie eine Favoritendatei vom eigentlichen Speicherort in einen anderen Ordner verschieben, wird die Verknüpfung mit der Datei im Favoritenbereich automatisch aktualisiert.

Den Datei Explorer immer im Start öffnen

Weiterhin können Sie wählen, ob beim Starten des Explorers standardmäßig der neue *Start* oder der Bereich *Dieser PC* angezeigt werden soll. Das ist eine ganz individuelle Entscheidung, die Sie von Ihren Arbeitsgewohnheiten abhängig machen sollen.

▷ Im Abschnitt *Start* werden die zuletzt verwendeten Ordner angezeigt und Sie können dort zusätzlich eigene Ordner nach Bedarf anheften. Wenn Sie immer wieder mit denselben Ordnern arbeiten, ist das also eine gute Wahl.

▶ Der Abschnitt *Dieser PC* zeigt dafür neben den Standardordern alle internen und externen Laufwerke und Netzwerkressourcen an. Wenn Sie also viel mit Laufwerken, USB-Speichermedien und Netzwerkspeicher hantieren, kann das die bessere Wahl sein.

Wie auch immer Ihre Wahl ausfällt, können Sie den Explorer entsprechend konfigurieren:

1. Klicken Sie in der Symbolleiste auf das • • • - Symbol und wählen Sie im Menü ganz unten die *Optionen*.

2. Hier können Sie in der Rubrik *Allgemein* ganz oben wählen, ob der Explorer beim Öffnen den *Start* oder *Dieser PC* anzeigen soll.

3. Übernehmen Sie die Änderung unten mit *OK*.

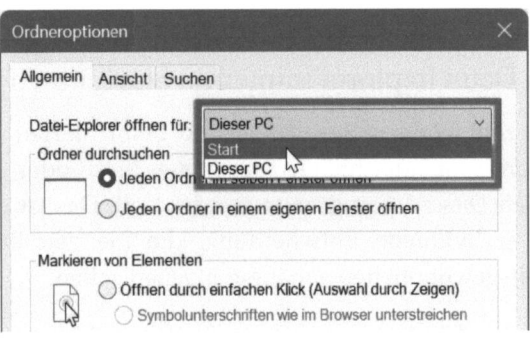

Registerkarten im Datei Explorer

Die grundlegendste Neuerung beim Explorer ist wohl das Einführen von Tabs oder Registerkarten. Von Webbrowsern ist man es schon lange gewohnt, verschiedene Webseiten gleichzeitig in parallelen Surfsitzungen öffnen und jederzeit beliebig dazwischen hin- und herwechseln zu können. Beim Datei Explorer hingegen war das bislang nicht möglich. Wollte man in mehreren Ordner gleichzeitig arbeiten und beispielsweise Dateien von einem Ordner zu einem anderen übertragen, konnte man allenfalls umständlich mehrere Instanzen des Explorer-Fensters öffnen.

Die Registerkarten im Explorer ermöglichen es nun, mehrere Ordner oder Laufwerke zugleich zu öffnen. Für jedes Register wird oben in der Titelleiste ein Registerreiter angezeigt, der üblicherweise mit dem Namen des darin gerade geöffneten Ordners beschriftet ist. Wenn Sie also den Explorer öffnen und dieser beim Öffnen standardmäßig den Startbereich angezeigt, sehen Sie nun in der Titelleiste einen Registerreiter mit dem Text *Start*.

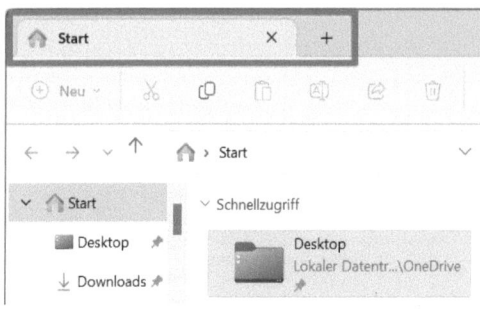

Falls Sie sich für die Register nicht weiter interessieren, können Sie es dabei belassen und mit dem Explorer wie gewohnt weiterarbeiten. Alle Funktionen bleiben gleich. Nur die Titelleiste sieht eben etwas anders aus. Wer Register zu schätzen weiß, der kann jederzeit weitere Register hinzufügen. Dafür gibt es verschiedene Möglichkeiten:

➤ Schnell und unkompliziert geht es mit dem Tastenkürzel **[Strg]** + **[T]**, dass sich mittlerweile als Standard für Registerkarten etabliert hat. Das T steht dabei für die englische Bezeichnungen „Tabs".

➤ Ebenso können Sie auf das +-Symbol klicken oder tippen, das stets neben dem ganz rechten Registerreiter angezeigt wird. Bei diesen beiden ersten Varianten wird stets der Ordner angezeigt, der in den Explorer-Optionen als Standard gewählt ist (siehe S. 33).

➤ Schließlich finden Sie im Kontextmenüs für Ordner und Laufwerke die Funktion *In neuer Registerkarte öffnen*. Diese fügt ein Register hinzu und zeigt darin direkt den gewählten Ordner an.

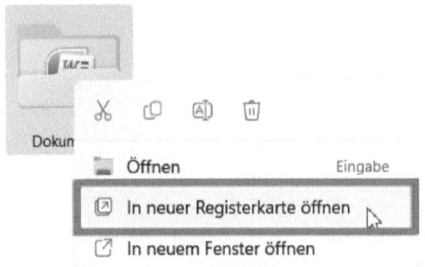

Für jedes weitere Register wird in der Titelleiste ein eigener Reiter angezeigt. Der erlaubt es Ihnen, direkt zu dem entsprechenden Register zu wechseln und stellt die weiteren Navigationsmöglichkeiten bereit.

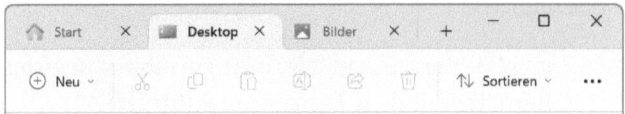

Neben dem direkten Ansteuern einzelner Register durch Anklicken oder Antippen des Reiters können Sie auch mit dem Tastenkürzel **[Strg]+[Tab]** der Reihe nach durch die geöffneten Register wechseln.

Register anordnen

Wenn Sie regelmäßig mit Registern im Explorer arbeiten, legen Sie vielleicht auf eine bestimmte Reihenfolge der Registerreiter Wert. Dazu sind Sie nicht darauf angewiesen, die Register in einer bestimmten Reihenfolge zu öffnen. Sie können die Anordnung bereits geöffneter Register per Ziehen & Loslassen beliebig verändern. Ergreifen Sie dazu einen Reiter, indem Sie ihn anklicken und die linke Maustaste gedrückt halten. Nun bewegen Sie den Reiter an die gewünschte Position in der Titelleiste. Ziehen Sie dabei solange, bis der neue Nachbarreiter „zur Seite springt" und Platz macht. Wenn Sie die Maustaste nun loslassen, wird der gezogene Reiter in die so entstandene Lücke eingefügt.

Das Kontextmenü für Registerreiter

Wenn Sie einen Registerreiter mit der rechten Maustaste anklicken, wird ein kleines Kontextmenü mit praktischen Funktionen speziell für die Register angezeigt:

▶ *Tab schließen* – schließt das gewählte Register (alternativ mit dem Tastenkürzel **[Strg]+[W]**)

▶ *Andere Tabs schließen* – schließt alle anderen außer dem gewählten Register

▶ *Tabs rechts schließen* – schließt alle Register, deren Reiter sich in der Fenstertitelleiste rechts von dem gewählten befinden

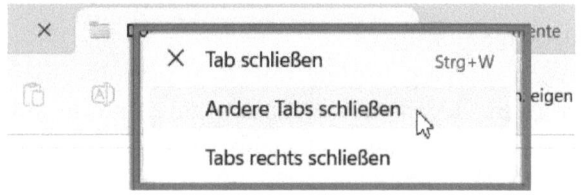

Bitte beachten Sie, dass das Schließen von Registern stets ohne Rückfrage erfolgt. Selbstverständlich können Sie auch jederzeit den Explorer als solchen schließen. Sind dann noch Register offen, werden diese ebenfalls ohne Rückfrage geschlossen.

Elemente zwischen Registern transferieren

Register machen es etwas einfacher und übersichtlicher, Dateien und Ordner von einer Stelle im Dateisystem an eine andere zu kopieren oder zu verschieben. Alle bisherigen Methoden dafür bleiben bestehen und können weiter genutzt werden, wie beispielsweise das Anordnen zweier Explorer-Fenster nebeneinander auf dem Bildschirm oder der Umweg über die Windows-Zwischenablage.

Dank der Register kommt nun aber eine neue Methode dazu:

1. Navigieren Sie zum Ordner mit den Elementen.

2. Öffnen Sie dann ein weiteres Register und navigieren Sie darin zum Zielordner.

3. Wechseln Sie dann etwa mit **[Strg]+[Tab]** zurück zum Register mit dem Ausgangsordner.

4. Markieren Sie hier die Elemente, die Sie zum Zielordner verschieben möchten.

5. Ergreifen Sie die Elemente dann mit gedrückt gehaltener linker Maustaste.

6. Ziehen Sie den Mauszeiger nun nach oben auf den Registerreiter des Zielordners. Der Explorer wechselt daraufhin automatisch in dieses Register.

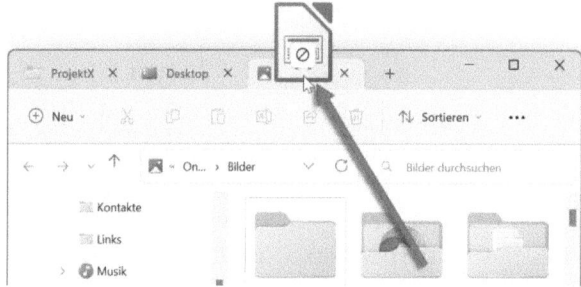

7. Ziehen Sie den Mauszeiger dann nach unten in das Register mit dem Zielordner.

8. Halten Sie ggf. **[Strg]**, **[Umschalt]** oder **[Alt]** gedrückt, wenn Sie anstelle der Standardaktion Elemente verschieben, kopieren oder eine Verknüpfung erstellen möchten.

9. Lassen Sie die Maustaste an der gewünschten Stelle los, um die Aktion auszulösen.

Status von OneDrive im Datei Explorer

Wenn Sie OneDrive nutzen und die dazugehörende Desktop-Anwendung installiert haben, integriert sich OneDrive direkt in den Datei Explorer. Diese Integration wurde nun noch weiter vertieft, indem in der Symbolleiste des Explorer eine zusätzliche Schaltfläche angezeigt wird, wann immer Sie einen OneDrive-Ordner auswählen.

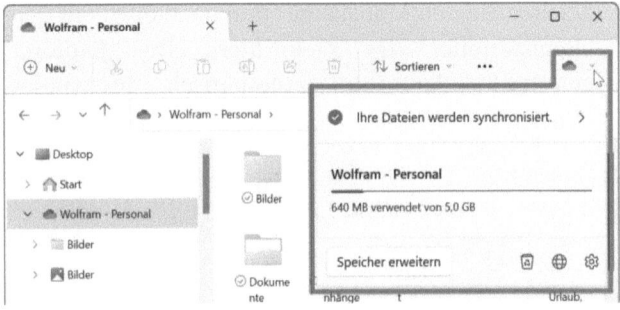

Mit einem Klick darauf blenden Sie einen zusätzlichen Dialog ein. Der verrät Ihnen den aktuellen Füllstand Ihres Cloud-Speichers und stellt praktische

Abkürzungen zu wesentlichen Funktionen wie Einstellungen, Papierkorb oder der OneDrive-Weboberfläche bereit. Auch falls Fehler beim Zugriff oder beim Synchronisieren von Cloud-Daten auftreten sollen, wird das hier gemeldet.

Speicher schneller freigeben

Ein kleines, feines Detail: Wenn Sie die Eigenschaften eines Datenträgers im Explorer öffnen, finden Sie nun unter *Allgemein* im Abschnitt *Speicherkapazität* eine Schaltfläche *Details* (zuvor *Bereinigen*).

Diese ist aber nicht nur anders benannt, sondern führt nun in die Windows-Einstellungen in den Bereich *System/Speicher/Speichernutzung auf anderen Laufwerken* und darin zum gewählten Laufwerk. Hier erhalten Sie einen ausführlichen Überblick über die derzeitige

Speichernutzung und können so schnell erkennen, welche Daten die Speicherkapazität besonders strapazieren.

Um Speicherplatz freizugeben, gehen Sie in den Windows-Einstellungen eine Ebene nach oben zu *System/Speicher* und holen sich dort am besten die automatisierten *Bereinigungsempfehlungen*.

Datenträger aufräumen auf die klassische Art

Wenn Ihnen die althergebrachte Datenträger-bereinigung mit ihren bekannten Dialogen lieber ist, können Sie auch darauf zurückgreifen. Am schnellsten geht das per Tastatur: **[Win]**, dann *cleanmgr* eintippen und **[Enter]** drücken. Wählen Sie dann das zu bereinigende Laufwerk, um den klassischen Dialog zu öffnen.

Android-Apps unter Windows 11

Was US-Anwender schon seit einiger Zeit nutzen durften, schwappt nun über den großen Teich nach Europa herüber: Windows bringt ein Subsystem mit, das Android-Apps ausführen kann. Hierzu arbeitet Microsoft mit Amazon zusammen und integriert deren App-Store in den Microsoft Store. Daraus ergeben sich zwei wichtige Voraussetzungen für das Verwenden von Android-Apps unter Windows:

▶ Sie müssen den Amazon Appstore als App auf Ihrem Windows-PC installieren.

▶ Sie benötigen ein Amazon-Konto, mit dem Sie sich beim Amazon Appstore anmelden können. Dafür können Sie ein vorhandenes verwenden oder ein neues anlegen.

Mindestens 16 GByte Arbeitsspeicher
Microsoft gibt als Hardwarevoraussetzung für das Android-Subsystem mindestens 8 GByte Arbeitsspeicher an. Tatsächlich kann es bei PCs mit nur 8 GByte Speicher aber zu Fehlern bei der Installation des Appstore kommen. Erfahrungsgemäß lässt sich der Appstore erst mit einer Ausstattung von mindestens 16 GByte reibungslos installieren und nutzen.

Amazon Appstore installieren

Da der Microsoft Store selbst keine Android-Apps anbietet, braucht man dafür eine andere Bezugsquelle. Hierzu kooperiert Microsoft mit Amazon und hat eine Windows-Version von deren App-Store in den Microsoft Store eingestellt.

1. Öffnen Sie den Microsoft Store auf Ihrem PC.

2. Tippen Sie im Suchfeld der Store-App den Suchbegriff „Amazon" ein und wählen Sie aus der Liste dann den Vorschlag *Amazon Appstore*.

3. Wenn die Detailseite zu dieser App angezeigt wird, klicken Sie auf *Installieren*.

4. Anschließend läuft ein umfangreicherer Installationsvorgang ab, bei dem Sie verschiedene Rückfragen jeweils bestätigen sollten. Abschließend müssen Sie den PC einmal neu starten.

5. Hat alles geklappt, startet anschließend automatisch das Android-Subsystem und führt den Amazon Appstore erstmalig aus. Außerdem finden Sie das Symbol des Appstore wie gewohnt im Startmenü Ihres Windows-PCs vor.

Beim Amazon Appstore anmelden

Um den Amazon Appstore nutzen zu können, benötigen Sie ein Amazon-Kundenkonto. Wenn Sie bereits eines haben, können Sie die Anmeldedaten mit *Sie sind bereits Kunde? Anmelden* eingeben. Andernfalls können Sie ein *Neues Amazon Konto erstellen*. Dies ist kostenlos, bietet aber die Möglichkeit, später auch Apps zu kaufen bzw. In-Game-Käufe durchzuführen.

Android-Apps installieren und ausführen

Wenn Sie sich beim Amazon Appstore angemeldet haben, präsentiert dieser sich direkt mit seiner Startseite, wo Ihnen Apps in verschiedenen Rubriken angeboten werden. Hier können Sie nun nach Herzenslust stöbern.

Beachten Sie nur, dass die Apps zwar überwiegend kostenlos sind (und sich durch Werbung bzw. In-Game-Käufe) finanzieren. Es sind aber auch kostenpflichtige Angebote dabei. Diese sind aber klar zu erkennen, weil dort schon in der Übersicht anstelle der *Erhalten*-Schaltfläche der Kaufpreis angegeben ist.

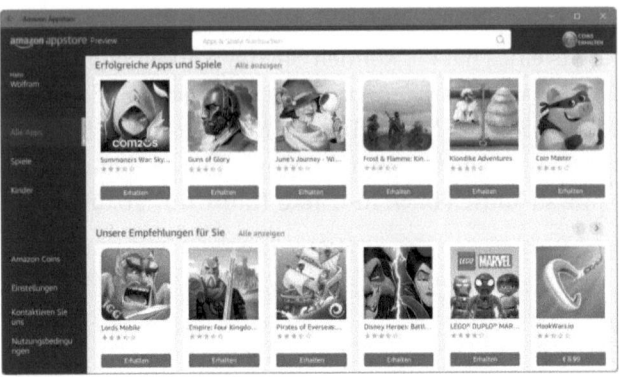

Wollen Sie mehr über eine der Apps erfahren, klicken Sie in der Übersicht auf ihren Eintrag. Achten Sie dabei darauf, nicht die Schaltfläche mit *Erhalten* bzw. dem Kaufpreis zu treffen. Auf der Detailseite finden Sie eine ausführliche Beschreibung, Bildschirmfotos und -videos sowie Bewertungen der App durch andere Nutzer.

Wenn Sie sich für eine App entschieden haben, klicken Sie auf die Schaltfläche *Erhalten* (bzw. den Kaufpreis, falls sie kostenpflichtig ist). Die App wird dann im Hintergrund heruntergeladen und installiert. Der Vorgang ist abgeschlossen, wenn Sie anstelle der *Erhalten-* eine *Öffnen*-Schaltfläche sehen. Damit können Sie die App auch sofort starten.

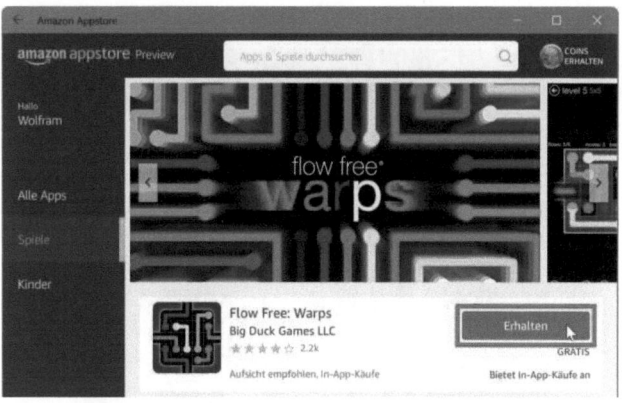

Für auf diese Weise installierte Android-Apps finden Sie aber auch wie gewohnt ein Symbol im Windows-Startmenü. Ebenso können Sie die Apps mittels des Suchfeldes schnell lokalisieren sowie ans Startmenü bzw. die Task-Leiste anheften.

Wenn Sie eine solche App öffnen, wird sie ganz normal von Windows ausgeführt. Es kann nur ein wenig länger dauern, wenn zuvor das Android-Subsystem gestartet werden muss. Wenn es sich um eine Smartphone-App handelt, die nicht für die Nutzung auf Tablets vorbereitet wurde, wird sie im typischen Hochkantformat auf dem Bildschirm angezeigt. Abgesehen davon kann sie aber uneingeschränkt genutzt werden. Bei einem Tablet mit Touchscreen sollte die Bedienung intuitiv sein. Bei einem klassischen PC mit Maus und Tastatur muss man sich teilweise ein wenig eingewöhnen. In der Regel kommt man aber mit kurzen und längeren Klicks der linken Maustaste gut zurecht.

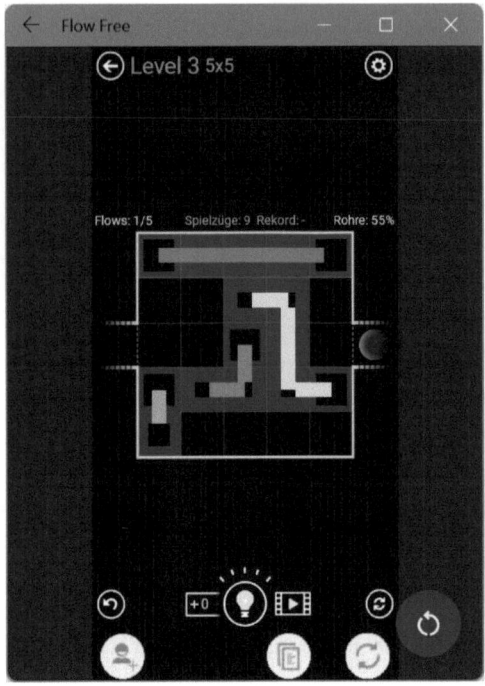

Task-Manager mit moderner Optik

Windows Task-Manager hat mit Version 22H2 eine gründliche Renovierung erhalten. Diese ist in erster Linie optischer Natur, beinhaltet aber auch einige funktionelle Neuerungen.

Kompakte Ansicht mit weniger Details

In früheren Versionen verfügte der Task-Manager über eine sehr kompakte Ansicht, die im Wesentlichen aus einer Liste der gerade laufenden Anwendungen bestand. Mit *Mehr Details* konnte man dann zur vollen Ansicht des Task-Managers wechseln. Diese kompakte – und ehrlich gesagt auch wenig hilfreiche Variante – ist nun komplett entfallen. Der Task-Manager startet immer in der ausführlichen Variante. Allerdings lassen sich im Bereich *Leistung* weiterhin wie gewohnt kompakte Ansichten aller oder einzelner Werte aktivieren.

Seitlicher Navigationsbereich

Auf den ersten Blick ins Auge fällt die neue Navigation im Task-Manager, die sich nun dem modernen Erscheinungsbild beispielsweise der Windows-Einstellungen anpasst. Anstelle einer horizontalen Leiste mit Registern finden Sie nun am linken Rand einen Navigationsbereich vor. Diese kann platzsparend eingeklappt werden, so dass nur Symbole für die verschiedenen Bereiche angezeigt werden. Wenn das Fenster des Task-Managers eine bestimmte Breite unterschreitet, erfolgt dies automatisch. Ansonsten können Sie jederzeit mit dem ≡-Symbol oben links zwischen der schmalen und breiten Variante des Menüs wechseln.

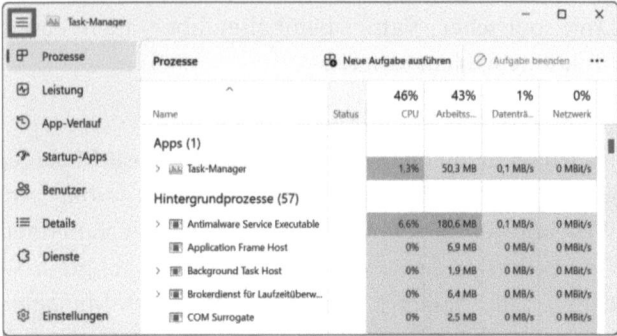

Inhaltlich hat sich im Menü allerdings nichts geändert. Sie finden dieselben Bereiche mit den gleichen Bezeichnungen in derselben Reihenfolge vor. Da mit den Registern auch die Menüleiste abgeschafft wurde, sind deren Funktionen nun aber direkt in die einzelnen Bereich integriert. Dafür finden Sie auf der rechten Seite oben eine Symbolleiste mit Schaltflächen.

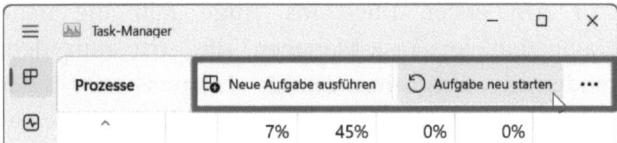

Die Schaltfläche *Neue Aufgabe ausführen* ist in allen Bereichen vertreten. Weitere Schaltflächen werden jeweils passend zum gewählten Bereich angezeigt. Sollte der Platz in der Symbolleiste nicht ausreichen, wird ganz rechts ein ●●● angezeigt. Damit können Sie ein Menü öffnen, das weitere Funktionen enthält. Außerdem steht Ihnen für ausgewählte Elemente weiterhin das Kontextmenü der rechten Maustaste zur Verfügung.

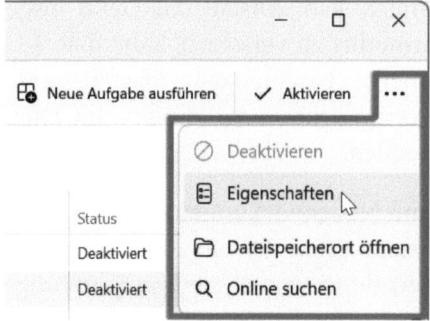

Visuelle Neuerungen

Einige optische Veränderungen fallen nicht immer auf den ersten Blick ins Auge. Der Task-Manager unterstützt die in den Windows-Einstellungen unter *Personalisierung/Farben* gewählten Optionen. So passt er sich automatisch an den dunklen oder hellen Windows-Modus an. Für farbig hinterlegte Tabellen beispielsweise bei *Prozesse* oder *App-Verlauf* verwendet er standardmäßig die gewählte Akzentfarbe. Sollte diese allerdings die Leserlichkeit der Daten erschweren, weicht er automatisch auf eine passendere Farbe aus.

Stromsparen mit dem Effizienzmodus

Der neue Effizienzmodus erlaubt es, den Leistungshunger einzelner Anwendungen zu zähmen, so dass diese weniger Energie benötigen. Das kann vor allem für Benutzer von Mobilgeräten mit Akku hilfreich sein. Anstatt das Gerät insgesamt in einen Sparmodus zu versetzen, kann man so einzelne Anwendungen beschränken, die besonders viel Leistung verbrauchen oder die nur im Hintergrund mitlaufen sollen.

Risiken und Nebenwirkungen
Der Effizienzmodus ist eine Leistungsbremse, die einer Anwendung vom System aufgezwungen wird. Aus Sicht der Anwendung wird dabei ein künstliche Ressourcenverknappung erzeugt. Eine sauber programmierte Software sollte damit korrekt umgehen können. Es kann aber nicht ausgeschlossen werden, dass der Effizienzmodus zu Fehlern oder Programmabstürzen führen kann. Wer diese Funktion ernsthaft einsetzen möchte, sollte den Anwendungsfall also am besten zuvor in Ruhe testen.

1. Um den Effizienzmodus für eine Anwendung zu aktivieren, wählen Sie diese im Bereich *Prozesse* oder *Details* aus. Beachten Sie im *Prozesse*-Bereich, dass Sie hierfür einen konkreten Prozess auswählen müssen. Komplexe Anwendungen bestehen meist aus mehreren Prozessen, die in der Prozessliste in einer Gruppe mit dem Namen der Anwendung zusammengefasst sind. Klappen Sie

die Gruppe aus, um die konkreten Prozesse zu sehen.

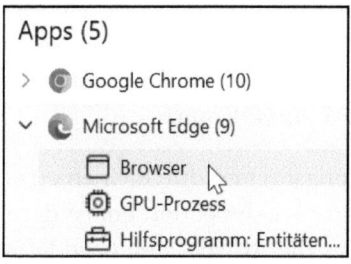

2. Klicken Sie dann oben in der Symbolleiste auf *Effizienzmodus*. Alternativ klicken Sie den Prozess mit der rechten Maustaste an und wählen im Kontextmenü *Effizienz Modus*.

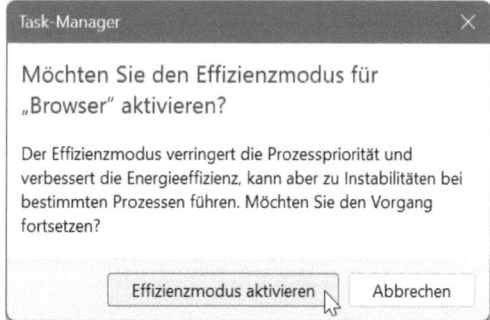

3. Bestätigen Sie dann den Warnhinweis mit einem Klick auf die Schaltfläche *Effizienzmodus aktivieren*.

Der Prozess wird nun vom System mit der Leistungsbremse versehen. Sollte er Unterprozesse erzeugen, wirkt sich das auch auf diese aus. In der Prozessliste können Sie den Effizienzmodus an einem entsprechenden Eintrag bzw. einem Grüne-Blätter-Symbol in der Spalte *Status* erkennen.

Sie können die Leistungsbremse durch einen erneuten Klick auf *Effizienzmodus* wieder entfernen. Andernfalls bleibt sie bestehen, bis die Anwendung beendet wird. Wenn Sie die Anwendung zu einem späteren Zeitpunkt dann wieder starten, wird sie ohne Effizienzmodus ausgeführt.

Task-Manager-Einstellungen

Mit dem Bereich *Einstellungen* ganz unten im Navigationsbereich öffnen Sie die Optionen für den Task-Manager. Die Einstellungen an sich sind nicht neu. Sie waren nur bislang an verschiedenen Stellen im Task-Manager verteilt und finden sich nun alle zentral an dieser Stelle:

▶ *Standardstartseite* – legt fest, welcher der Bereiche beim Öffnen des Task-Managers standardmäßig angezeigt wird.

▶ *Aktualisierungsgeschwindigkeit in Echtzeit* – steuert, ob und wie schnell die im Task-Manager angezeigten Daten aktualisiert werden.

▶ *Immer oben* – hiermit wird das Task-Manager-Fenster jederzeit auf dem Bildschirm angezeigt und überlagert dabei ggf. andere Fenster.

▶ *Minimieren der Nutzung* – minimiert den Task-Manager automatisch, wenn mit der *Wechseln zu*-Funktion eine App geöffnet wird.

▶ *Ausblenden, wenn minimiert* – blendet den Task-Manager aus der Taskleiste aus, wenn er minimiert wird. Er ist dann nur noch als Symbol im Infobereich sichtbar.

▶ *Vollständige Kontonamen anzeigen* – zeigt im Bereich *Benutzer* vollständige Benutzernamen an.

▶ *Verlauf für alle Prozesse anzeigen* – zeigt im Bereich *App-Verlauf* nicht nur Apps, sondern auch Desktop-Anwendungen an.

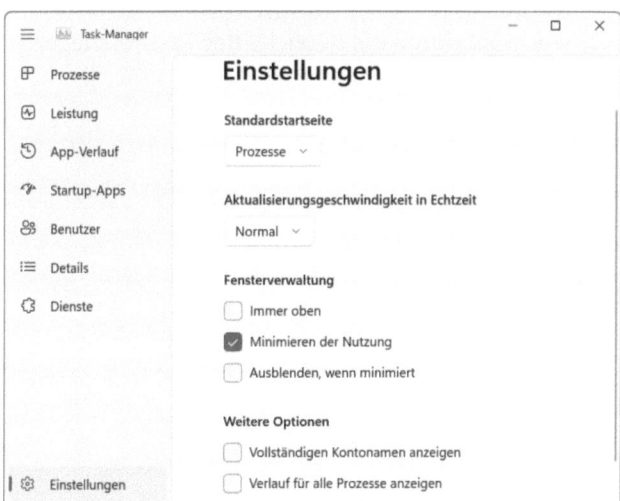

Task-Manager per Tasten steuern

Auch wenn der Task-Manager keine Menüleiste mehr hat, können Sie ihn weiterhin auch per Tasten steuern. Wenn Sie **[Alt]** kurz drücken, werden alle auf dem Bildschirm sichtbaren Schaltflächen mit einem Buchstaben versehen. Drücken Sie die entsprechende Taste, um diese Schaltfläche zu bedienen oder nutzen Sie stattdessen die Pfeiltasten, um weitere Steuerelemente wie beispielsweise das Menüsymbol zu erreichen. Außerdem können Sie einige feste Tastenkürzel verwenden:

▶ **[Alt]+[E]** – beendet den gewählten Prozess

▶ **[Alt]+[N]** – öffnen den *Neuen Task erstellen*-Dialog

▶ **[Alt]+[V]** – (de)aktiviert den Effizienzmodus

▶ **[Strg]+[Tab]** oder **[Strg]+[Umschalt]+[Tab]** – wechseln durch die Bereiche des Task-Manager

Mit Fokus-Sitzungen konzentriert arbeiten

Fokus-Sitzungen sollen es dem Anwender ermöglichen, für einen bestimmten Zeitraum konzentriert an einer Aufgabe zu arbeiten. Zu diesem Zweck werden Ablenkungen wie Benachrichtigungen und Hinweise von anderen Apps vorübergehend unterdrückt. Durch die Integration in die Uhr-App lassen sich Pausen planen und tägliche Ziele setzen. Wem es beim Fokussieren hilft, der kann sich von Spotify passende Musik einspielen lassen.

Eine Fokus-Sitzung beginnen

Wann immer Sie eine Zeit lang ungestört von E-Mails, Benachrichtigungen oder anderen Ablenkungen arbeiten möchten, können Sie eine Fokus-Sitzung beginnen. Diese blockierte für eine bestimmte Dauer alle Störungen (soweit es Windows betrifft).

1. Klicken Sie in der Task-Leiste ganz rechts auf die Anzeige von Datum und Uhrzeit.

2. Wählen Sie im so geöffneten Dialog die gewünschte Dauer der Sitzung aus. Standardmäßig sind 30 Minuten vorgesehen, aber Sie können den Wert in beide Richtungen in festen Schritten anpassen.

3. Klicken Sie dann rechts auf *Fokus*.

4. Damit wird die Fokus-Sitzung aktiviert und auf dem Bildschirm das kleine Fokus-Fenster angezeigt. Dieses erlaubt, die Sitzung mit einem Klick auf den Stopp-Knopf ggf. vorzeitig zu beenden. Der Ring um den Knopf herum zeigt an, wieviel der geplanten Fokus-Zeit bereits abgelaufen ist.

5. Sie können das Fenster im Hintergrund auf dem Bildschirm belassen, um die Sitzung steuern zu können. Wenn es sie stört, können Sie das Fenster auch schließen. Allerdings wird die Fokus-Sitzung dadurch nicht beendet!

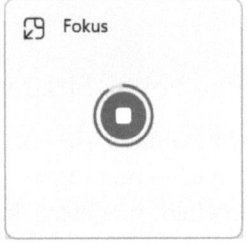

Fokus verloren?
Sollten Sie das Fokus-Fenster verloren haben, können Sie die laufende Sitzung in den Windows-Einstellungen unter *System/Fokus* steuern. Alternativ öffnen Sie die *Uhr*-App. Dort finden Sie im Bereich *Fokussitzungen* alle Einstellungen wieder.

Ab einer bestimmten Länge werden Sitzungen automatisch mit Pausen versehen. Sie erhalten einen

Hinweis, wenn der Zeitpunkt für eine Pause erreicht ist. Es empfiehlt sich, die Pause auch wirklich zu nutzen, um anschließend mit voller Energie weiterarbeiten zu können. Benachrichtigungen usw. bleiben auch während einer Pause blockiert.

Spotify in Fokus-Sitzungen nutzen

Wenn Sie zu den Menschen gehören, denen Musik beim konzentrierten Arbeiten hilft, können Sie Spotify in ihre Fokus-Sitzungen integrieren. Dann kann während solcher Sitzungen automatisch eine Spotify-Playlist abgespielt werden.

1. Öffnen Sie die Uhr-App, beispielsweise indem Sie *Uhr* ins Suchfeld des Startmenüs eintippen.

2. Im Bereich *Fokussitzungen* finden Sie rechts das Feld *Spotify*. Wird darin die Schaltfläche *Installieren Sie Spotify* angezeigt, dann kommen Sie dem nach, um Spotify zunächst auf dem PC zu installieren.

3. Sie gelangen dann in den Microsoft Store zur Produktseite von Spotify, wo Sie die App

Installieren können. Hinweis: Die App an sich ist kostenlos. Sie kann kostenlos bzw. werbefinanziert genutzt werden. Alternativ können Sie ein kostenpflichtiges Premium-Konto ohne Werbung und mit Zusatzfunktionen nutzen. Für Fokussitzungen kommen beide Varianten in Frage.

4. Wird in der Uhr-App die Schaltfläche *Ihr Spotify verknüpfen* angezeigt, ist Spotify auf Ihrem PC installiert. Klicken Sie darauf, um die App mit Ihren Fokussitzungen zu verbinden.

5. Sollten Sie noch kein Konto bei Spotify haben, müssen Sie zunächst eines anlegen. Nutzen Sie dafür ein vorhandenes Social-Media-Konto bei Facebook, Apple oder Google. Andernfalls melden Sie sich mit Ihren vorhandenen Spotify-Zugangsdaten an.

6. Stimmen Sie dann zu, dass Fokus-Sitzungen auf Ihren Spotify-Zugang zugreifen dürfen.

7. Anschließend finden Sie im Spotify-Bereich der Fokussitzungen verschiedene Vorschläge für geeignete Musiklisten. Sie können über die Spotify-App aber auch eigene Listen auswählen.

8. Während einer Fokussitzung können Sie nun jederzeit die Audio-Wiedergabe via Spotify starten oder beenden. Außerdem wird die Wiedergabe zum Ende der Sitzung automatisch beendet.

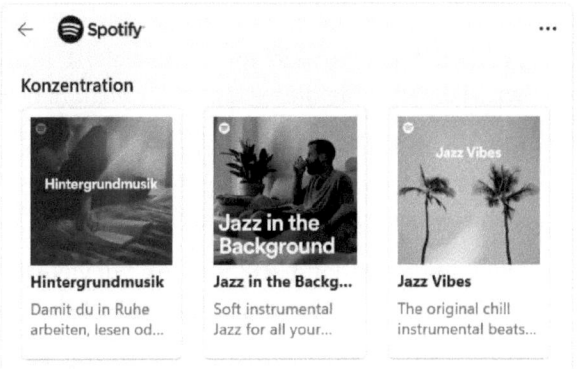

Tägliche Fortschritte mit Fokus-Sitzungen

Die Uhr-App führt eine Statistik Ihrer Fokussitzungen. Dies können Sie zur Kontrolle und ggf. zur Motivation nutzen. So lässt sich ein tägliches Ziel definieren und dessen Einhaltung überwachen.

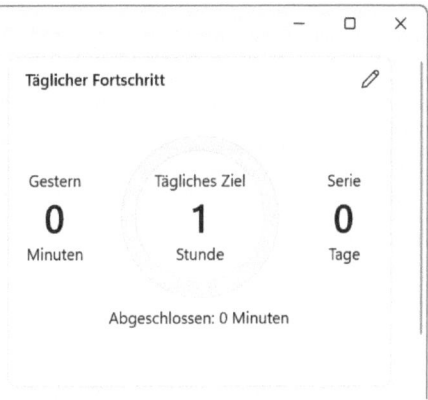

1. In der Uhr-App finden Sie im Bereich *Fokussitzungen* oben rechts den Abschnitt *Täglicher*

Fortschritt. Er zeigt, wie lange Sie am Vortag gearbeitet haben, wie ihr Tagesziel ist und seit wieviel Tagen Sie dieses täglich erreicht haben.

2. Mit einem Klick auf das kleine Stift-Symbol oben rechts ändern Sie die Vorgaben. So können Sie sich etwa ein höheres *Tägliches Ziel* setzen.

3. Die mittlere Option bestimmt, um wieviel Uhr der Zähler täglich jeweils zurückgesetzt wird.

4. Schließlich können Sie entscheiden, ob auch an Wochenenden fokussiert gearbeitet werden muss, damit die Serie nicht reißt.

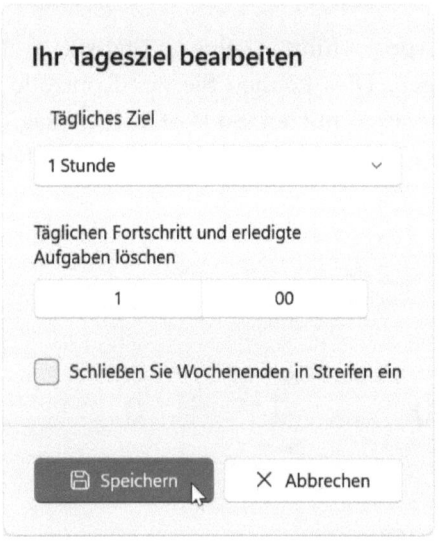

5. *Speichern* Sie die Einstellungen, damit sie ab sofort für Ihre Fokussitzungen verwendet werden.

Neue Sicherheitsfunktionen

Sicherheit ist ein Thema, an dem Microsoft beständig weiter entwickelt, was ja auch sinnvoll ist. Deshalb halten mit dem Funktions-Update auch wieder neue bzw. erweiterte Sicherheitsfunktionen in Windows Einzug. Wesentliche Neuerung ist dabei Smart App Control, aber auch an anderen Stellen wird Windows sicherer bzw. Schutzfunktionen besser nutzbar.

Smart App Control

Um die Anwender vor unsicheren Programmen zu schützen, kontrolliert Smart App Control jeden gestarteten Prozess automatisch und versucht, die darin laufende Anwendung zu erkennen. Diese wird dann signatur-basiert mit Listen zulässiger Software abgeglichen, die über Windows-Update auch regelmäßig aktualisiert werden. Dabei wird unterschieden zwischen Anwendern, die den PC stets für dasselbe nutzen und Nutzern, die immer wieder neue Software installieren.

Smart App Control nur bei frischen Installationen!
Ein ganz wichtiger Hinweis vorneweg: Smart App Control wird nicht auf Systemen aktiviert, die im laufenden Betrieb per Funktions-Update aktualisiert wurden. Es wird nur aktiv, wenn Windows neu installiert oder mit der Zurücksetzen-Funktion neu initialisiert wurde.

Auswertungsphase nach der Installation

Nach dem Installieren bzw. Zurücksetzen von Windows beginnt Smart App Control zunächst automatisch eine Analysephase, in der das Verhalten des Anwenders passiv überwacht wird. Verwendet der Benutzer in dieser Phase immer wieder dieselben Programme und handelt es sich dabei um wenige und gut bekannte Software, dann aktiviert Windows automatisch die Smart App Control.

Installieren Anwender hingegen immer wieder neue Programme und greift dabei auch auf unbekannte Software zurück, geht Windows davon aus, dass Smart App Control bei diesem Anwenderprofil eher stören würde und verzichtet auf das Aktivieren.

Mit aktiviertem Smart App Control

Wenn Windows aufgrund des Nutzerverhaltens Smart App Control aktiviert hat, werden alle Programmstarts dauerhaft überwacht. Die Sicherheitsfunktion erstellt von jedem laufendem Prozess eine Signatur und gleicht diese mit einer Datenbank zulässiger Programme ab. Sollte Software gestartet werden, zu der es keine passende Signatur gibt, unterbindet Windows deren Ausführung. Es kommt dann zu einer Fehlermeldung, die deutlich darauf hinweist, dass Smart App Control eingegriffen hat.

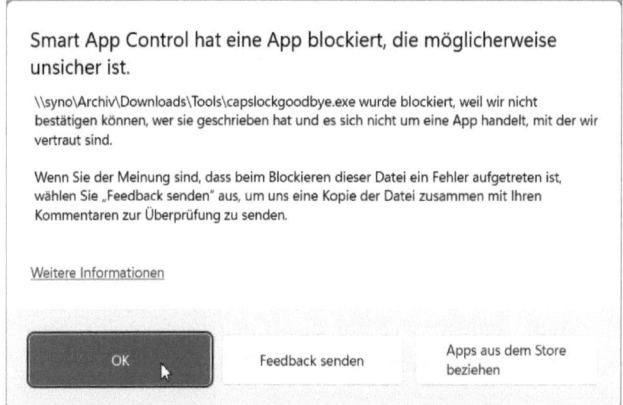

Smart App Control hat eine App blockiert, die möglicherweise unsicher ist.

\\syno\Archiv\Downloads\Tools\capslockgoodbye.exe wurde blockiert, weil wir nicht bestätigen können, wer sie geschrieben hat und es sich nicht um eine App handelt, mit der wir vertraut sind.

Wenn Sie der Meinung sind, dass beim Blockieren dieser Datei ein Fehler aufgetreten ist, wählen Sie „Feedback senden" aus, um uns eine Kopie der Datei zusammen mit Ihren Kommentaren zur Überprüfung zu senden.

Weitere Informationen

| OK | Feedback senden | Apps aus dem Store beziehen |

Keine Ausnahmen bei Smart App Control

Wenn Smart App Control auf Ihrem PC aktiv ist und eine Anwendung blockiert, gibt es leider keine Möglichkeit, dies zu umgehen. Der „offizielle" Weg ist es, Microsoft eine entsprechende Rückmeldung zu geben, so dass die Signatur dieser Anwendung in die Datenbank aufgenommen wird und Smart App Control sie ab einem bestimmten Zeitpunkt in der Zukunft zulässt. Die Alternative dazu ist es, Smart App Control auf Ihrem PC zu deaktivieren. Dieser wird dann weiterhin durch den Windows Defender geschützt, ist aber nicht mehr ganz so gut abgesichert.

Smart App Control steuern

Wie vorangehend beschrieben, läuft Smart App Control im Wesentlichen automatisiert ab und bietet wenige Eingriffsmöglichkeiten. In der *Windows-*

Sicherheit können Sie die Funktion grundlegend steuern, was aber nachhaltige Auswirkungen hat.

1. Öffnen Sie die *Windows-Sicherheit*, beispielsweise mittels des Symbols im Infobereich der Taskleiste.

2. Öffnen Sie darin den Bereich *App- und Browsersteuerung*.

3. Dort finden Sie ganz oben den Abschnitt *Smart App Control*, wo Sie auf *Einstellungen für Smart App Control* klicken.

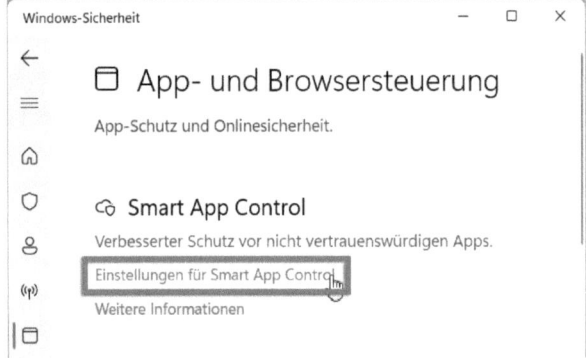

4. Im folgenden Dialog finden Sie die drei Optionen, die für diese Funktion möglich sind:

▶ Nach dem Installieren bzw. Zurücksetzen von Windows ist automatisch die Option *Auswertung* aktiv. Diese steht für die Analysephase, in der Windows das Verhalten des Anwenders beobachtet. Wurde Smart App Control *Aktiviert* oder *Deaktiviert*, ist die Analysephase bereits abgeschlossen und Windows hat die Entscheidung getroffen.

▶ Wollen Sie die Auswertungsphase nicht abwarten und Smart App Control stattdessen direkt einschalten, können Sie die Option *Aktiviert* wählen. Smart Control ist dann ab sofort aktiv.

▶ Ebenso können Sie die Auswertungsphase abbrechen und Smart App Control sofort auf *Deaktiviert* umstellen. Auch wenn die Analyse abgeschlossen und Smart App Control automatisch aktiviert wurde, können Sie es hier jederzeit ausschalten. Aber wichtig: Diese Entscheidung kann nicht rückgängig gemacht werden. Wurde Smart Control App einmal deaktiviert, bleibt es dauerhaft dabei.

Virtualisierungsbasierte Sicherheit

Virtualisierungsbasierte Sicherheit ist bei Windows nicht neu. Sie umfasst mehrere Komponenten, die den Schutz Ihres Windows-PCs erhöhen.

▶ Speicherintegrität verhindert, dass schädlicher Code in Sicherheitsprozesse eingeschleust wird.

▶ Der Microsoft Defender Credential Guard schützt vor Angriffe auf geheime Schlüssel, in dem die mit der Übermittlung der Daten beschäftigen Prozesse besonders isoliert und vor unberechtigten Zugriffen geschützt werden.

▶ Eine von Microsoft zentral gepflegte Blockliste erfasst bösartige oder die Systemsicherheit gefährdende Treiber und verhindert, dass diese installiert werden.

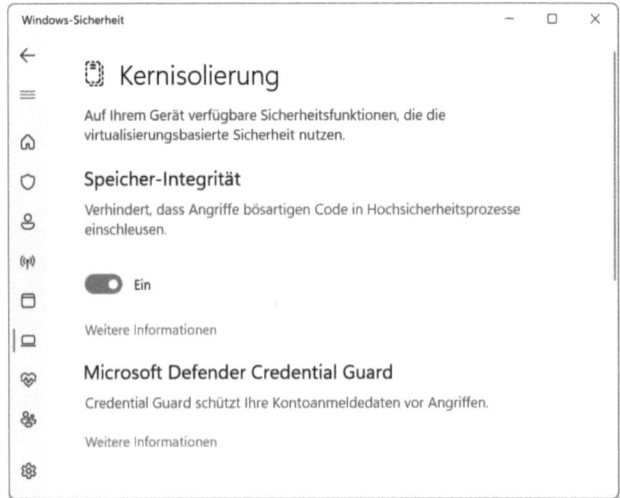

Nicht alle diese Funktionen sind neu, aber bislang waren sie optional und konnten bei Bedarf aktiviert werden. Das kehrt sich zumindest bei neu-installierten bzw. zurückgesetzten Windows-Systemen ab sofort um. Dort sind diese Funktion nun standardmäßig aktiv und können (bzw. sollten) nur bei Bedarf deaktiviert werden.

Anmeldeinformationen schützen

Windows kann Ihr Windows-Kennwort schützen und Sie darauf hinweisen, wenn Sie es bei fragwürdigen Websites oder in unsicheren Apps eingeben bzw. speichern. Wenn Sie sich mit einem Passwort bei Windows anmelden (mit einer PIN oder anderen Anmeldemethoden funktioniert es nicht), registriert Windows dies und überwacht im weiteren Verlauf Ihre Eingaben. Wenn Sie dasselbe Kennwort später an einer ungeeigneten Stelle erneut eintippen, zeigt Windows eine deutliche Warnung vor den Gefahren an.

Das Verhalten dieser Funktion können Sie in der *Windows-Sicherheit* steuern. Öffnen Sie dort den Bereich *App- und Browsersteuerung* und dann die Einstellungen für den *Zuverlässigkeitsbasierten Schutz.* Dort ist im Abschnitt *Phishingschutz* die Option *Mich vor unsicherer Kennwortspeicherung warnen* für diese Funktion zuständig.

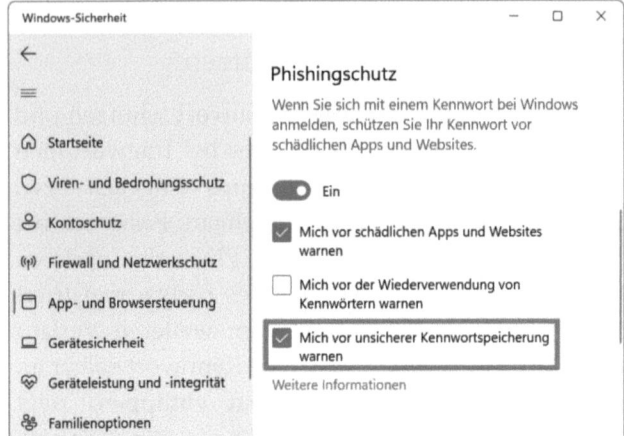

Testen können Sie die Funktion übrigens jederzeit so:

1. Melden Sie sich bei Windows mit Ihren Benutzername und Kennwort an.

2. Öffnen Sie dann den *Editor*.

3. Tippen Sie hier Ihr Windows-Kennwort ein.

4. Ist die Funktion ordnungsgemäß aktiv, sollte sofort mit dem letzten Zeichen des Kennworts die Warnmeldung der Windows-Sicherheit auf dem Bildschirm angezeigt werden.

5. (Löschen Sie das Kennwort anschließend wieder bzw. beenden Sie den Editor, ohne den Inhalt zu speichern – sicher ist sicher!)

Windows Sandbox übersteht Neustart

Die Windows Sandbox ist eine Sicherheitsfunktion, mit der man unbekannte Programme oder auch verdächtige Webseiten in einer virtuellen, vom restlichen System zuverlässig abgeschotteten Umgebung ausprobieren kann. Ein wesentliches Merkmal dieser Funktion ist, dass beim Beenden der Sandbox alles verworfen wurde, was während der Sitzung an Daten gespeichert wurde. Die Windows Sandbox war also bei jedem neuen Start wieder „jungfräulich".

Das ist an sich auch in Ordnung so und erhöhte die Sicherheit. Allerdings gab es bislang Schwierigkeiten mit Programmen, die beispielsweise bei der Installation einen Neustart erforderten. Da dieser Neustart die Sandbox zurücksetzte, konnte die Installation nicht gelingen und das Programm dementsprechend nicht getestet werden.

Nun aber beherrscht die Windows Sandbox auch solche Neustarts. Wenn Sie in einer laufenden Sandbox einen Neustart durchführen, werden die in der virtuellen Umgebung erstellten Inhalte nicht gelöscht, sondern bleiben wie bei einem „richtigen" Windows erhalten. Auf diese Weise lassen sich also auch Programme testen, die beim Installieren auf einen Neustart angewiesen sind. Lassen Sie diesen einfach zu bzw. führen Sie ihn selbst aus.

1. Klicken Sie dazu auf das Windows-Symbol in der Taskleiste des virtuellen Sandbox-Windows.

2. Klicken Sie dort auf das Ausschalt-Symbol.

3. Im so geöffneten Menü haben Sie die Wahl:

▷ Wenn Sie *Shut Down* bzw. *Disconnect* wählen, wird die Sandbox beendet und alle erstellten Inhalte darin gelöscht. Beim nächsten Start der Sandbox wäre diese also „jungfräulich".

▷ Wählen Sie hingegen *Restart*, wird das Windows innerhalb der laufenden Sandbox beendet und neu gestartet. Erstellte Inhalte in der Sandbox werden dabei nicht gelöscht und sind nach dem Neustart weiterhin verfügbar.

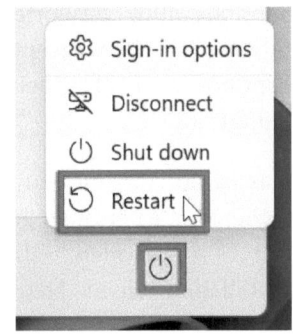

Nur zur Klarstellung: Es ist weiterhin keine Möglichkeit vorgesehen, den Inhalt einer Sandbox über zwei oder mehr Windows-Sitzungen beizubehalten. Dies würde dem Konzept einer Sandbox widersprechen. Für diesen Anwendungsfall empfiehlt sich das Aufsetzen eines virtuellen Windows beispielsweise mit Hyper-V.

Die neue Medienwiedergabe-App

Wer als alter Windows-Hase noch immer dem Windows Media Player nachtrauert, für den gibt es gute Nachrichten. Mit dem 22H2-Update wird auch die neue *Medienwiedergabe*-App installiert. „Offiziell" ist das der Nachfolger von Groove-Musik, aber man erkennt auf den ersten Blick, dass die Medienwiedergabe mehr kann. Wie der Windows Media Player spielt sie sowohl Musik als auch Videos ab und empfiehlt sich dadurch tatsächlich als Medien-Multitalent. Gleichzeitig erlaubt sie das komfortable Erstellen und Pflege von Wiedergabeliste und unterstützt die Wiedergabe von Audio-CDs. Vorabversionen umfassen sogar weitere Funktionen wie das Importieren von CDs („Rippen") in die lokale Musiksammlung (was aktuell aber Teilnehmern am „Windows-Insider"-Programm vorbehalten bleibt). Es sieht also so aus, als wenn Microsoft die Medienwiedergabe zum legitimen Erben des Windows Media Player ausbauen will.

Medienwiedergabe als Standardanwendung

Wenn Sie Windows 11 ab 22H2 neu installieren bzw. zurücksetzen, wird die Medienwiedergabe als Standardanwendung für alle wesentlichen Formate festgelegt. Wenn Sie Ihr Windows per Funktions-Upgrade auf den neuen Stand bringen, werden allerdings die bisherigen Standards beibehalten. Ggf.

müssen Sie Windows also einmalig beibringen, für bestimmte Formate in Zukunft die Medienwiedergabe zu nutzen. Das geht bei Bedarf beispielsweise so:

1. Klicken Sie mit der rechten Maustaste auf eine Audio- oder Videodatei und wählen Sie im Kontextmenü *Öffnen mit/Andere App auswählen*.

2. Im so geöffneten Dialog klicken Sie zunächst auf den Eintrag *Medienwiedergabe*.

3. Klicken Sie dann unten auf *Immer*, damit diese Art von Datei in Zukunft standardmäßig mit der Medienwiedergabe geöffnet wird.

Haben Sie dies einmal erledigt, können Sie Dateien dieser Art ob sofort direkt mit *Öffnen* bzw. per Doppelklick oder **[Eingabe]** abspielen. Dann wird die Medienwiedergabe gestartet und beginnt automatisch mit der Wiedergabe.

Wollen Sie die Zuordnung etwas systematischer angehen, öffnen Sie in den Windows-Einstellungen den Bereich *Apps/Standard-Apps* und lokalisieren in der Liste dort die *Medienwiedergabe*. So erhalten Sie eine Liste mit allen Dateitypen, welche diese Anwendung verarbeiten kann. Am Symbol erkennen Sie jeweils, ob die Medienwiedergabe bereits als Standardanwendung dafür registriert oder ob eine andere Anwendung vorgesehen ist. Wenn das der Fall ist, können Sie auf den Eintrag klicken und dann in einem Dialog wie vorangehend beschrieben die gewünschte Standardanwendung bestimmen.

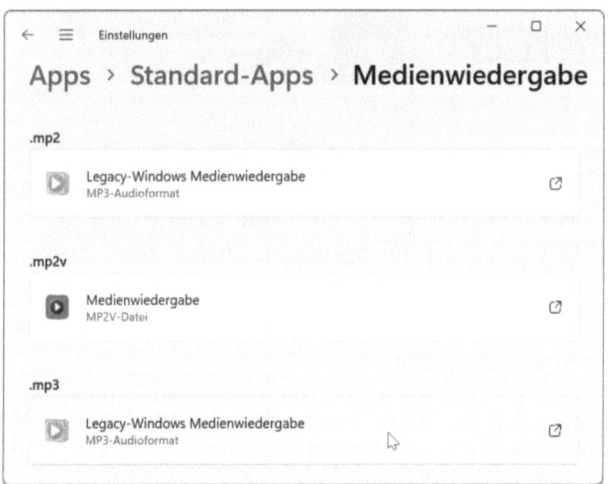

Die Medienwiedergabe in Aktion

Wenn Sie einen Clip mit der Medienwiedergabe abspielen, wird diese im Wiedergabemodus gestartet. Bei Musiktiteln bemüht die App sich dabei, passende Bilder von Cover und Künstler aus dem Internet zu beschaffen und anzuzeigen. Am unteren Rand finden Sie eine Leiste mit den wesentlichen Angaben und Steuerelemente für die Wiedergabe. Die Bedeutung der meisten Elemente dürfte selbsterklärend sein, so dass ich hier nur auf die etwas ungewöhnlicheren eingehe:

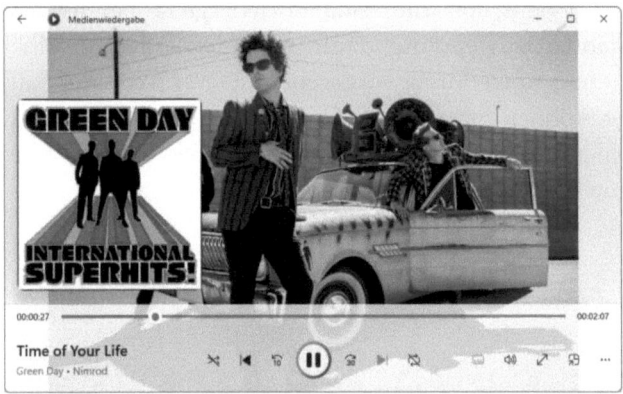

▶ Mit den 10 und 30-Symbolen springen Sie in der Wiedergabe zehn Sekunden zurück bzw. dreißig Sekunden vor. Praktisch, wenn man etwas verpasst hat oder eine bestimmte Stelle in einer Aufnahme sucht.

▶ Nur bei Wiedergabe geeigneter Videos wird das Symbol für Untertitel aktiviert. Enthält eine Filmdatei entsprechende Information, kann die

Medienwiedergabe die Untertitel passend anzeigen.

▶ Mit dem diagonalen Doppelpfeil bringen Sie die Anwendung in den Vollbildmodus, was sich insbesondere für das Abspielen von Videos anbietet.

▶ Die Schaltfläche rechts daneben eignet sich eher für Musikstücke und wechselt zum Miniplayer, der vielleicht in  ähnlicher Form von Groove-Musik und Windows Media Player bekannt ist: ein kleines Fenster mit den wesentlichen Steuerelementen, das auf dem Bildschirm verbleiben kann, ohne zu Stören oder abzulenken.

Minimieren während der Wiedergabe
Sie können die Medienwiedergabe beim Abspielen von Musikstücken durch Minimieren des Fensters wie gewohnt ganz vom Bildschirm verbannen. Die Wiedergabe läuft dabei weiter. Wenn Sie die App hingegen schließen, wird die Wiedergabe des laufenden Clips sofort abgebrochen.

Audio-CDs wiedergeben

Wenn Ihr PC über ein entsprechendes Laufwerk verfügt, können Sie jederzeit Audio-CDs einlegen. In der Navigationsleiste am linke Rand der Medienwiedergabe wird dann automatisch ein zusätzliches Symbol für das eingelegte Medium eingefügt. Mit einem Klick darauf zeigen Sie den Inhalt der CD an. Die Anwendung versucht dabei, Audio-CDs zu identifizieren und ein passendes Coverbild aus dem Internet anzuzeigen. Die Wiedergabe kann wie bei anderen Musikdateien und Wiedergabelisten auch gesteuert werden.

Den Klang per Equalizer optimieren

Bei allen Audiodateien können Sie die Wiedergabe mit einem integrierten Equalizer optimieren bzw. an Ihre Vorlieben und Wiedergabegeräte anpassen.

1. Klicken Sie dazu auf das ●●●-Symbol rechts in der Steuerleiste und im Menü auf *Equalizer*.

2. Aktivieren Sie den Equalizer zunächst mit dem Schalter oben rechts.

3. Nun können Sie ggf. eine passende *Voreinstellung* auswählen. Die App bringt vorgefertigte Profile für verschiedene Gerätearten mit. Außerdem können Sie je nach Vorlieben Bässe oder Höhen besonders betonen.

4. Zusätzlich können Sie mit *Benutzerdefiniert* eine ganz eigene Einstellungsvariante erschaffen.

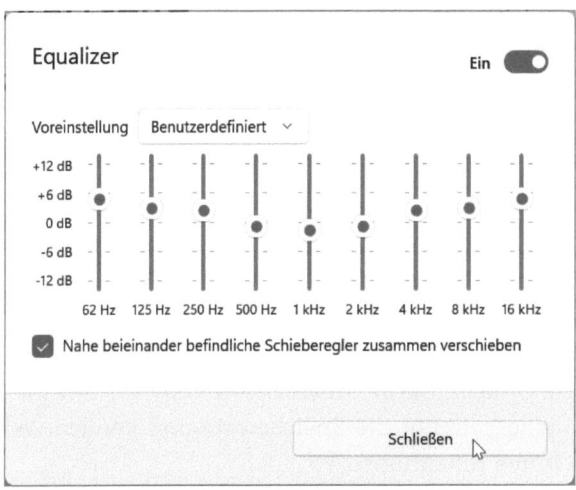

Vorsicht beim Verändern von Profilen
Wenn Sie eines der vorgefertigten Profile anwenden, können Sie die Einstellungen des Equalizers anschließen beliebig anpassen. Aber Achtung: Dadurch verändern Sie nicht die Einstellungen dieses

Profils. In dem Moment, wo Sie an einem der fertigen Profil etwas verändern, wird daraus das benutzerdefinierte Profil und die aktuellen Einstellungen werden dafür übernommen. Sollten Sie das benutzerdefinierte Profil zuvor angepasst haben, gehen diese Anpassung dabei verloren.

Die Mediensammlung verwalten

Wenn Sie die Medienwiedergabe-App als solche starten, wird automatisch deren Startseite angezeigt, die eine Liste der zuletzt verwendeten Medien umfasst. Mit der Navigationsleiste am linken Rand können Sie von hier aus jederzeit in die Musik- oder Videobibliothek wechseln. Deren Inhalt entspricht standardmäßig den entsprechenden Bibliotheken Ihres Windows-Benutzerkontos.

Weitere Ordner erfassen

Wenn Sie Ihre Mediendateien anders organisieren oder weitere Ordner in den Bibliotheken erfassen möchten, klicken Sie im Navigationsbereich ganz unten auf das Zahnradsymbol, um die Einstellungen zu öffnen. Darin sehen Sie jeweils für Musik und Video getrennt die Speicherorte und können weitere Ordner hinzufügen.

Die Musikbibliothek lässt sich grob nach *Songs*, *Alben* und *Künstlern* strukturieren. Die Musiklisten sind standardmäßig alphabetisch, können aber nach Bedarf auch anhand anderer Kriterien sortiert werden. Als alternativer Zugang zur Ihrer

Musiksammlung steht Ihnen außerdem jederzeit die Suchfunktion (Lupensymbol im Navigationsbereich) zur Verfügung. Hier können Sie jederzeit Namen von Interpreten, Alben oder einzelnen Titel eingeben, um diese direkt anzusteuern.

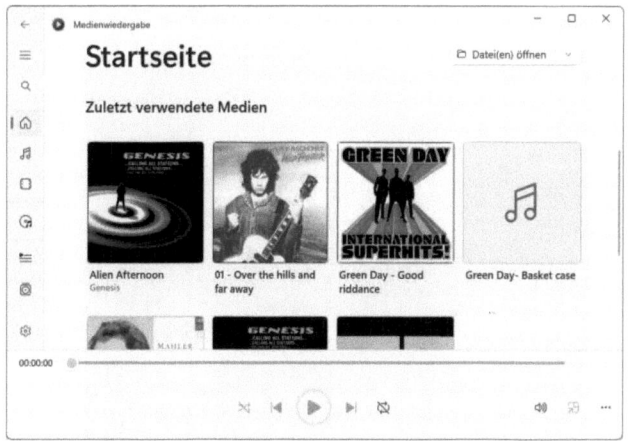

Musik auf andere Geräte streamen

Die Medienwiedergabe kann nicht nur den eigenen PC zur Wiedergabe nutzen. Wenn vernetzte Lautsprecher, Smart-TVs oder ähnliche Geräte im Netzwerk ihre Dienste per UPnP anbieten, kann die App diese als Empfänger nutzen. Auch wenn ein Gerät zur Audiowiedergabe per Bluetooth mit dem PC verbunden ist, kann diese Funktion genutzt werden.

1. Starten Sie dazu zunächst die lokale Wiedergabe eines Stücks oder einer Wiedergabeliste.

2. Klicken Sie dann unten rechts auf ••• und wählen Sie im Menü *Auf Gerät abspielen*.

3. Im anschließenden Dialog sehen Sie dann alle Geräte, welche Ihr PC gerade für die Wiedergabe erreichen kann. Klicken Sie das gewünschte Gerät an.

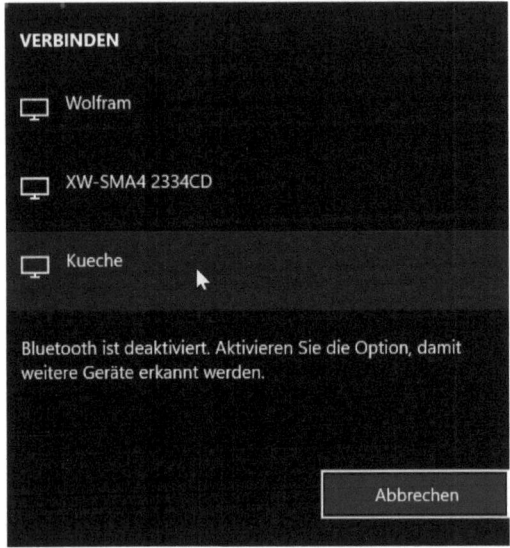

4. An sofort erfolgt die Wiedergabe auf diesem Gerät. Auch wenn Sie andere Titel auswählen, werden diese dort abgespielt.

Videoclips mit Clipchamp

Eine weitere neue App tritt in die Fußstapfen von Windows Movie Maker & Co. und will es Ihnen erleichtern, eigene Videoclips zu erstellen. Dabei soll es nicht nur um das klassische Urlaubsvideo gehen, sondern mit Clipchamp lassen sich auch ansehnliche Clips für YouTube, Instagram & Co. erstellen.

Schnell eigene Videos zusammenstellen

Um auf die Schnelle ein eigenes Video zu erstellen, brauchen Sie nur ein paar Videoclips. Wenn vorhanden, können Sie auch Bilder sowie eigene Musikstücke ergänzen.

1. Klicken Sie auf dem Startbildschirm von Clipchamp auf *Erstellen eines neuen Videos*, um den Video-Editor der App zu öffnen.

2. Klicken Sie hier oben links auf *Medien hinzufügen*.

3. Nun können Sie Mediendateien vom lokalen PC per Drag & Drop auf den geöffneten Dialog ziehen. Sie werden dann automatisch in das Projekt integriert. Alternativ können Sie im Dialog auch Verbindungen zu Cloud-Speicher herstellen oder Bilder und Videos von Ihrem Smartphone importieren.

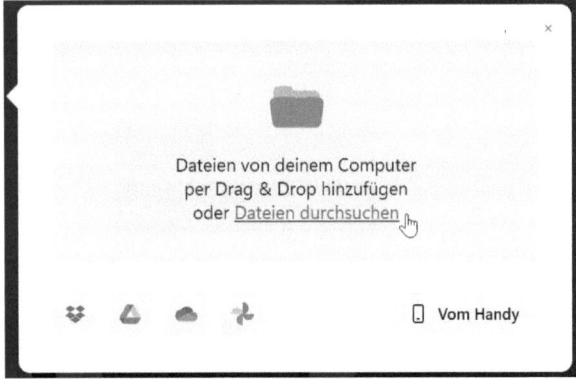

4. Haben Sie alle benötigten Dateien importiert, können Sie sie in der gewünschten Reihenfolge auf die zentrale Zeitleiste ziehen.

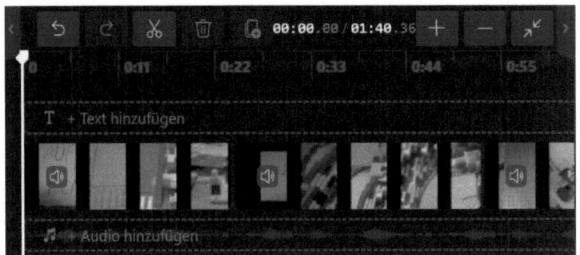

5. Im einfachsten Fall wäre Ihr Video jetzt schon fertig. Klicken Sie oben auf *Exportieren* und wählen Sie dann die gewünschte Videoqualität, um das fertige Video berechnen zu lassen. In einem Vorschaufenster können Sie den Fortschritt verfolgen lassen.

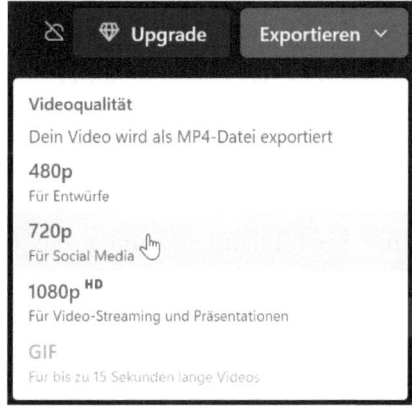

6. Anschließend wird die Videodatei automatisch in Ihrem Download-Ordner gespeichert.

Die vorangehende Anleitung zeigt nur die grundlegenden Schritte. Die nachfolgenden Abschnitte beschreiben Möglichkeiten, Videos mit Clipchamp zu verschönern und ansprechender zu gestalten.

Eigene Hintergrundmusik

Wenn Sie eigene Musikdateien in das Projekt importiert haben, können Sie diese als Hintergrundmusik verwenden. Ziehen Sie die

Musikdatei dazu auf die Audiospur unten in der Zeitleiste.

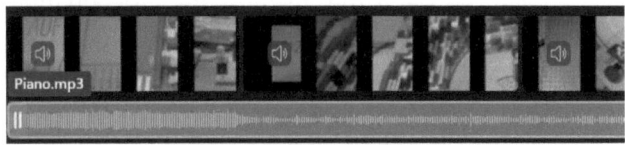

Wie bei Videoclips können Sie für längere Projekte auch mehrere Audiodateien hintereinander in der Tonspur platzieren. Sollte die Musikdatei hingegen zu lang sein, kürzen Sie den unnötigen Teil weg (am besten erst, wenn die Länge des Films feststeht):

1. Suchen Sie mit der Bildlaufleiste unten das Ende des letzten Videoclips.

2. Klicken Sie dann direkt dahinter auf die leere Zeitleiste, um die weiße Bearbeitungsmarkierung hier zu setzen. Hinweis: Sie können die Markierung mit der Maus hin und her bewegen und oben in der Vorschau kontrollieren, ob sie korrekt gesetzt ist.

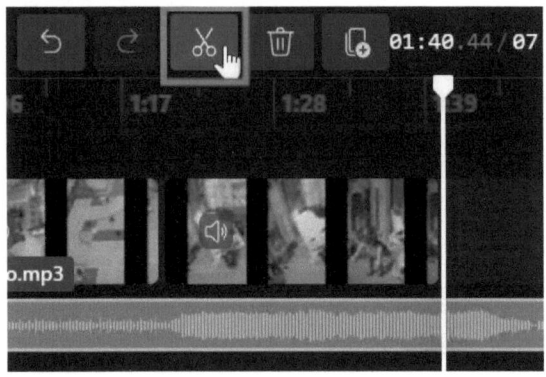

3. Wählen Sie dann die Musikdatei durch einfaches Anklicken auf.

4. Klicken Sie nun auf das Scherensymbol oberhalb der Zeitleiste.

5. Das Musikstück wird dadurch an dieser Stelle aufgeteilt.

6. Anschließend können Sie den hinteren Teil auswählen und mit **[Entf]** oder im Kontextmenü *Entfernen*. Nun endet die Tonspur exakt mit dem Video.

Damit die Musik nicht zu abrupt endet, sollten Sie ggf. noch einen Ausblendeffekt auf den Audioclip legen (siehe S. 90).

Hintergrundmusik statt Originalton?
Standardmäßig mischt Clipchamp den Originalton der Videoclips (soweit vorhanden) mit der Hintergrundmusik der Tonspur. Wenn Sie das nicht möchten, finden Sie bei jedem Videoclip in der Zeitleiste ein Lautsprechersymbol, mit dem Sie den Originalton des Videos stummschalten können. Dann ist im fertigen Film nur noch die Hintergrundmusik von der Audiospur zu hören

Titel und Texte einfügen

Clipchamp bietet Ihnen die Möglichkeit, Titel, Abspann, Untertitel oder auch einen Countdown in Ihr Video zu integrieren und das Aussehen dabei weitgehend selbst zu gestalten. Das folgende Beispiel zeigt das Einfügen eines Titels. Andere Arten von Texten lassen sich entsprechend verwenden.

1. Um ein Textelement einzufügen, klicken Sie in der Navigationsleiste links auf das *Text*-Symbol. Damit blenden Sie eine Auswahl der verfügbaren Texteffekte ein. Diese ist in mehrere Abschnitte unterteilt, unter anderem *Titel*.

2. Wählen Sie eine Vorlage, die Ihnen zusagt. Name und Darstellung geben eine Idee, wie die Vorlagen jeweils aussehen. Aber letztlich muss man alle mal selbst ausprobieren, um sich einen Eindruck zu verschaffen.

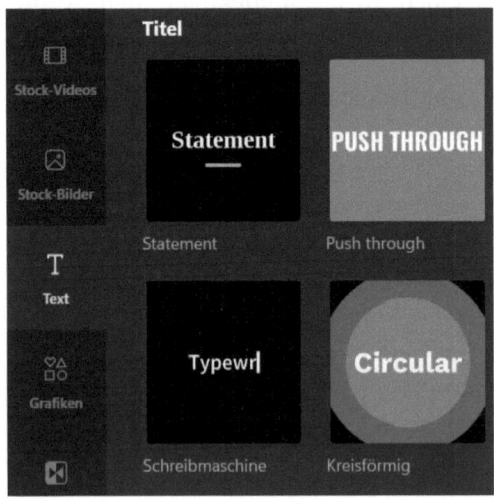

3. Ziehen Sie die gewünschte Vorlage auf die Textspur in der Zeitleiste oberhalb der Videospur. Passen Sie Position und Dauer an, indem Sie das

Kästchen verlängern bzw. verkürzen und an die gewünschte Position ziehen.

Überlagern oder Freistehen?
Texte überlagern die Videos standardmäßig. Wenn ein Text vor, nach oder zwischen Videoclips oder Bildern angezeigt werden soll, Ziehen Sie die Video auf der Zeitleiste so, dass unterhalb des Textblocks freier Raum bleibt. Dann wird der Text schlicht auf dunklem Hintergrund angezeigt.

4. Um den Inhalt des Titels zu gestalten, wählen Sie ihn in der Zeitleiste per Mausklick aus. Rechts wird dann die *Text*-Spalte angezeigt, wo Sie den gewünschten Inhalt eintippen und das Aussehen anpassen können.

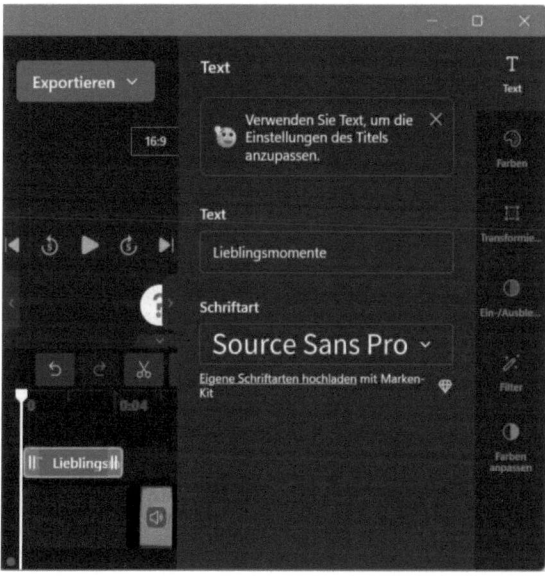

5. Beachten Sie im Textbereich die Navigationsleiste ganz rechts, mit der Sie verschiedene Bereich öffnen und so etwa auch Farben, Filter und Effekte für den Titel einstellen können.

Übergangseffekte zwischen Szenen

Wenn Sie mehrere Videoclips aneinanderhängen, wird dazwischen standardmäßig jeweils ein harter Schnitt eingefügt, d. h., am Ende des ersten Clips wird übergangslos der zweite angezeigt. Diese Übergänge können Sie nach Ihrem Geschmack gestalten und beispielsweise sanft von einem Clip zum nächsten überblenden. Es stehen aber auch einige andere, aufregendere Übergänge zur Auswahl.

1. Um einen Übergangseffekt einzufügen, bewegen Sie den Mauszeiger in der Zeitleiste auf den schmalen Leerraum zwischen zwei Clips, bis dort ein +-Symbol angezeigt wird.

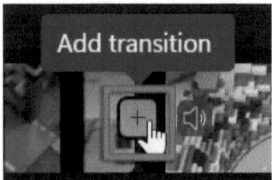

2. Klicken Sie auf das +, um eine schlichte Überblendung einzufügen. Sind Sie mit diesem einfachen Effekt zufrieden, war es das schon.

3. Möchten Sie den Bildwechsel anders gestalten, wählen Sie den Übergang in der Zeitleiste durch

einfaches Anklicken aus und klicken Sie dann
oben rechts auf *Übergang*.

4. Damit zeigen Sie die *Übergangstyp*-Seitenleiste an,
   in der Sie aus einer Vielzahl von
   Übergangseffekten auswählen können. Wenn Sie
   den Mauszeiger auf einem der Effekte verharren
   lassen, sehen Sie jeweils eine kurze Vorschau.

5. Wählen Sie den gewünschten Effekt durch
   einfaches Anklicken aus. Zusätzlich können Sie
   mit einem Schieberegler die *Übergangsdauer*
   festlegen.

Der gewählte Effekt wird jeweils nur für diesen
Übergang verwendet. Sie können also für jeden
Übergang eines längeren Films jeweils andere Effekte
verwenden.

Live-Untertitel bei Video und Podcasts

Eine sehr hilfreiche Funktion nicht nur für Anwender mit Hörproblemen ist vorläufig leider nur in englischer Sprache verfügbar. In der Hoffnung, dass Microsoft weitere Sprachen in absehbarer Zeit nachliefert, möchte ich sie trotzdem vorstellen.

Live-Untertitel machen sich die Funktionen zur Spracherkennung in Windows zu nutze. Sie überwachen das vom PC erzeugte Audiosignal auf menschliche Sprache. Diese wird analysiert und verschriftlicht und dann live (bzw. mit minimaler Verzögerung) auf dem Bildschirm ausgegeben. Diese Technologie funktioniert universal und ist nicht an bestimmte Apps gebunden. Es spielt also keine Rolle, ob Sie beispielsweise im Webbrowser YouTube-Videos abspielen, eine Mediathek besuchen, eine App für Podcasts nutzen oder ein Hörbuch abspielen lassen.

Live-Untertitel einrichten

Die Live-Untertitel benötigen spezielle Sprachdateien für die zu erkennende Sprache. Diese müssen einmalig heruntergeladen und installiert werden. Bislang liegen nur englische Sprachdateien vor, was sich aber hoffentlich in absehbarer Zeit ändert.

1. Um die Live-Untertitel einzurichten, öffnen Sie in den Windows-Einstellungen den Bereich

Barrierefreiheit und dort im Abschnitt Hörvermögen die *Untertitel*.

2. Klicken Sie in der Zeile *Liveuntertitel* ganz rechts auf den Schalter, um die Funktion zu aktivieren.

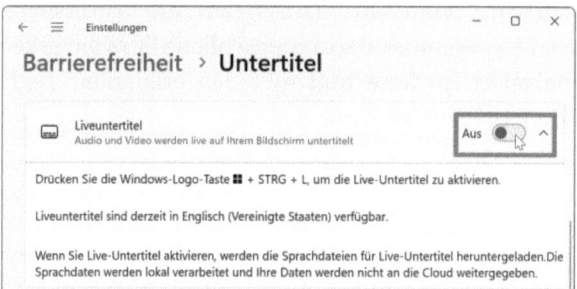

3. Wenn Sie dies zum ersten Mal tun, müssen die Sprachdateien heruntergeladen werden. Dazu wird automatisch ein Dialog angezeigt, in dem Sie nur auf *Herunterladen* zu klicken brauchen.

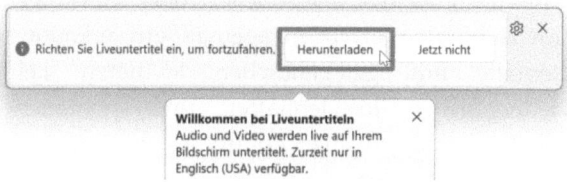

4. Warten Sie anschließend ab, bis das Herunterladen und Installieren erledigt ist. Anschließend können Sie die Live-Untertitel jederzeit nutzen.

Untertitel bei Bedarf anzeigen

Sie können den Wiedergabebereich für Live-Untertitel jederzeit mit dem Tastenkürzel **[Strg]+[Win]+[L]** anzeigen lassen. Mehr ist nicht erforderlich. Windows „lauscht" dann automatisch auf die Audioausgabe des PCs. Wenn es darin menschliche Sprache erkennt, analysiert es diese und gibt den erkannten Text im Wiedergabebereich aus.

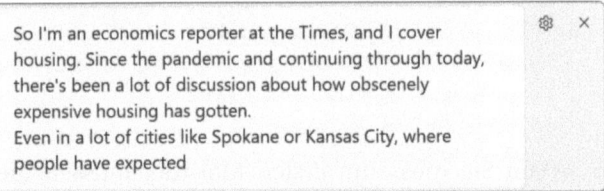

Die Qualität der Erkennung ist im Allgemeinen sehr ordentlich, hängt aber von der Sprachqualität ab. Typische Podcasts, Hörbücher oder Sprecher bei Videos werden erfahrungsgemäß gut erkannt und allenfalls mit gelegentlichen kleineren Fehlern wiedergegeben. Je „lebhafter" und spontaner die Sprache ist, desto eher kommt es zu Fehlern und Missverständnissen.

Mit dem Zahnradsymbol im Wiedergabebereich können Sie ein paar grundsätzliche Einstellungen vornehmen. So lässt sich die *Position* des Bereichs verändern. Wenn Sie ihn *Oben* am Bildschirmrand anheften, wird der verfügbare Bildschirm für andere Anwendungen entsprechend verringert, so dass der Bereich immer sichtbar ist, selbst wenn Sie beispielsweise den Webbrowser maximieren. Beim

94

Untertitelstil gibt es verschiedene Varianten für Anwender mit Sehbeeinträchtigungen. So kann man die Schrift größer machen oder andere Farbkombinationen für einen angenehmeren Kontrast wählen.

Wenn Sie die Untertitel nicht mehr benötigen, schließen Sie den Wiedergabebereich mit dem X. Sie können ihn bei Bedarf mit der Tastenkombination **[Strg]+[Win]+[L]** jederzeit wieder hervorholen.

Dies und das

Neben den Neuerungen, die ich vorangehend ausführlicher vorgestellt habe, gibt es wie immer auch ein paar Kleinigkeiten und Verbesserungen, die ich nicht unerwähnt lassen möchte.

Einstellungen und Systemsteuerung

Bei früheren Büchern zu Funktions-Updates haben die Windows-Einstellungen gerne mal ein eigenes Kapitel bekommen. Dass sie hier nun stattdessen unter „Ferner liefen" auftauchen, ist ein Indiz dafür, dass Microsoft mit seinen ständigen Umgestaltungen in diesem Bereich allmählich zur Ruhe kommt.

Tatsächlich hat sich bei den Windows-Einstellungen mit diesem Funktions-Update nicht viel Wesentliches getan. Selbstverständlich sind einige Einstellungen dazu gekommen, auf die ich an der passenden Stelle verweise. Ansonsten erwähnenswert:

▶ Wenn Sie Windows mit einem Microsoft-Konto verwenden und mit diesem Konto weitere Lizenzen oder Abonnements beispielsweise für Microsoft Office verknüpft sind, werden diese nun im Bereich *Konten* der Windows-Einstellungen übersichtlich angezeigt. Hier finden Sie ggf. auch Links, um die entsprechenden Produkte herunterzuladen und zu installieren.

▷ Der bisherigen *Benachrichtigungsassistent* ist unter der griffigeren Bezeichnung *Bitte nicht stören* in den Bereich *System/Benachrichtigungen* gewandert.

In der klassischen Systemsteuerung ist das Modul *Geräte und Drucker* nur noch eine leere Hülle, die als Umleitung in die Windows-Einstellungen im Bereich *Bluetooth und Geräte* führt. Hier finden sich inzwischen alle Einstellungen zu diesem Themenbereich in modernem Gewand wieder.

Taskwechsel in neuer Optik

Eine rein optische und trotzdem sinnvolle Änderung: Mit dem Tastenkürzel **[Alt]+[Tab]** öffnen Sie weiterhin eine Übersicht der gerade geöffneten Anwendungen. Solange Sie **[Alt]** gedrückt halten, können Sie mit wiederholten **[Tab]** zwischen den Minivorschauen der Fenster hin und her wechseln, um die gewünschte App auszuwählen. Wenn Sie dann **[Alt]** loslassen, wird das ausgewählte Fenster in den Vordergrund geholt.

Soweit nicht neues. Optisch wird das gerade gewählte Fenster nun aber mit einer deutlichen farblichen Umrahmung hervorgehoben, so dass man auf der ersten Blick erkennen kann, was man gerade ausgewählt hat. Eine klare Verbesserung gegenüber dem dezenten dunkelgrauen Rähmchen in der Vergangenheit.

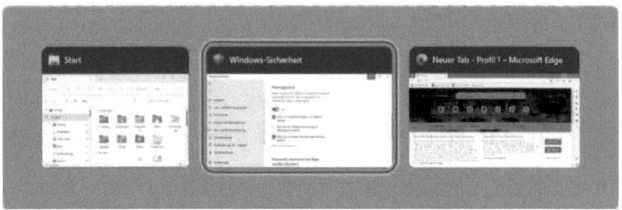

Kontozwang auf bei der Pro-Edition

Bei der Home-Edition von Windows werden die Benutzer schon länger quasi gezwungen, sich mit einem Microsoft-Konto anzumelden. Das Verwenden eines lokalen Kontos ist nur mit Tricks möglich (siehe im Folgenden). Dieser Zwang wird nun auch auf die Pro-Edition ausgeweitet.

Ganz wichtig erstmal: Für bestehende Installationen ändert sich durch das Anwenden des Funktions-Updates nichts. Sie müssen nicht befürchten, Ihr lokales Konto nun zwangsweise auf ein Microsoft-Konto umstellen zu müssen. Die Änderung betrifft nur Neuinstallationen bzw. vollständig zurückgesetzte Systeme. Hier erlaubt der Setup-Assistent nun auch bei der Pro-Edition kein lokales Konto mehr.

Ob bewährte Tricks – wie das Herstellen der Netzwerk- bzw. WLAN-Verbindung erst nach Abschluss des Assistenten – weiterhin funktionieren, darüber gibt es widersprüchliche Berichte. Allerdings funktioniert eine Methode weiterhin uneingeschränkt:

1. Lassen Sie sich zunächst auf das Verwenden eines Microsoft-Kontos ein.

2. Geben Sie als Benutzernamen *Microsoft* ein. Als Kennwort können Sie etwas Beliebiges eintippen.

3. Der Assistent reagiert zunächst mit einer Fehlermeldung, bietet Ihnen dann aber sofort an, stattdessen ein lokales Benutzerkonto anzulegen.

4. Geben Sie dabei nach Wunsch Benutzernamen und Kennwort ein. Damit haben Sie ein lokales Benutzerkonto erstellt, das Sie dauerhaft uneingeschränkt nutzen können.

Von wem wird dieses Gerät genutzt werden?

Sie werden diesen Namen verwenden, um sich bei Ihrem Gerät anzumelden.

Geben Sie Ihren Namen ein

Wolfram| ✕

Noch besser: Verwenden Sie ein Onlinekonto.

Neue Fotos-App

Die neue *Fotos*-App ist streng genommen nicht Teil des 22H2-Updates, sondern befindet sich aktuell (Stand Oktober 2022) noch in der Vorschauphase. Allerdings wird sie in absehbarer Zeit die bisherige Fotos-App ablösen, weshalb ich sie hier schon mal vorstellen möchte.

Die neue Windows-Fotoanzeige erleichtert vor allem das Verwalten umfangreicher Bildersammlungen. Wesentliches Element ist dabei der neue Navigationsbereich am linken Rand, der nicht von ungefähr an die Bedienung des Datei Explorers (oder alte Hasen vielleicht auch an den Windows Media Player) erinnert.

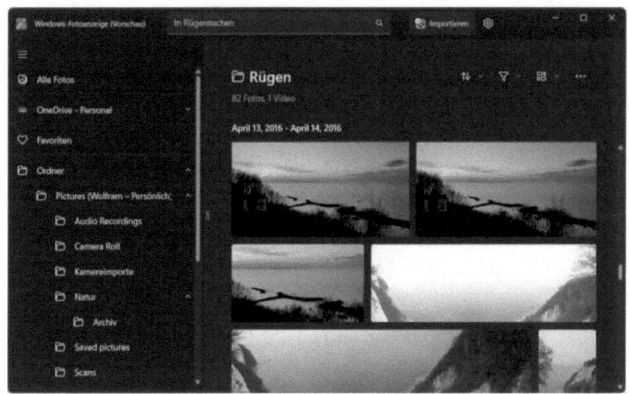

Nicht nur optisch ist die neue Fotoanzeige besser in Windows 11 integriert. Wirft man einen Blick in die Kontextmenüs, finden sich hier Verknüpfungen zu anderen Windows-Anwendungen und Diensten. So kann man beispielsweise jederzeit mit einem Klick den Speicherort einer Bilddatei im Datei Explorer öffnen. Aber auch Cloud-Funktionen wie ein schnelles Backup wichtiger Bilder zu OneDrive sind integriert.

Das Verwalten der Bildersammlung wird außerdem durch deutlich erweiterte Möglichkeiten zum Sortieren und Filter der angezeigten Bilder erleichtert. Aber noch ist nicht alles Gold, was glänzt: Eine Diashow, wie sie bei dieser Art von Programm eigentlich zum Standard gehört, sucht man bislang vergeblich. Öffnet man einzelne Bilder zum Betrachten oder Bearbeiten, findet man die bereits bekannten Möglichkeiten zum Korrigieren und Optimieren der Bilder vor.

Lautstärke-Dialog im neuen Gewand

Wenn Sie die Lautstärke beispielsweise mittels Tastatur oder Tasten am Gehäuse verändern, wird automatisch ein Dialog auf dem Bildschirm angezeigt. Dieser erscheint nun in einem moderneren Gewand, das besser zur Windows 11-Optik passt und nicht mehr wie ein Fremdkörper wirkt. Außerdem wird der Dialog nun nicht mehr oben links angezeigt, sondern mittig unten oberhalb der Taskleiste. Die Änderung ist allerdings rein optischer Art. Funktional ändert sich nichts. Der Dialog verschwindet nach einigen Sekunden von alleine wieder.

Lautstärke-Dialog per Maus nutzen

Es ist nichts neues, aber vielen Anwendern ist es bislang entgangen: Solange der Lautstärke-Dialog auf dem Bildschirm angezeigt wird, können Sie den Mauszeiger darauf bewegen. Dann wird er nicht wieder ausgeblendet und Sie können die gewünschte Lautstärke mit der Maus einstellen. Bewegen Sie den Mauszeiger dann vom Dialog weg, um ihn auszublenden.

Künstliche Intelligenz für Videokonferenzen

Windows trägt dem zunehmenden Trend zu Online-Meetings und Videokonferenzen Rechnung, indem verschiedene Funktionen für ein besseres Erlebnis bei solchen Gelegenheit sorgen. Die Funktionen sind in die entsprechenden Schnittstellen von Windows integriert, so dass verschiedene Apps davon profitieren, die diese Schnittstellen benutzen.

Allerdings basieren die Funktionen auf künstlicher Intelligenz, die sehr ressourcenhungrig bzw. auf spezielle Hardware angewiesen ist. Dementsprechend stehen die Funktionen vorläufig nur auf ausgewählten Geräten zur Verfügung und werden sich wohl erst allmählich durchsetzen. Achten Sie also in den Einstellungen Ihrer Konferenz-Apps auf die entsprechenden Schlüsselwörter:

▶ **Voice Focus** ist ein weiterentwickeltes Verfahren zum Unterdrücken unerwünschter Geräusche. Es sorgt bei Online-Telefonaten und – Videokonferenzen dafür, dass nur die Stimme des Benutzers übermittelt wird. Hintergrundgeräusche oder versehentlich verursachte Klänge werden hingegen herausgefiltert.

▶ **Eye Contact** soll dafür sorgen, dass andere Gesprächspartner bei Videokonferenzen stets den Eindruck haben, Ihre volle Aufmerksamkeit zu genießen. Wenn Sie mal zu Seite schauen, etwa um einen Blick auf Ihre Notizen zu werfen, passt die Funktion das übermittelte Bild automatisch so an, dass der Augenkontakt zum Gegenüber gehalten wird.

▶ **Background Blur** erlaubt es, jederzeit und überall ohne besondere Vorkehrungen Videogespräche abhalten zu können. Sie müssen sich dabei keine Gedanken machen, ob der Bildhintergrund dafür geeignet ist oder womöglich Dinge enthält, die für andere unsichtbar sein sollten. Die Funktion erkennt automatisch Ihr Gesicht und macht alles andere mit einem starken Weichzeichner unkenntlich.

▶ **Automatic Framing** erkennt automatisch Ihre Position innerhalb des Kamerabildes und passt den übermittelten Ausschnitt ständig automatisch an. Sie müssen sich also keine Gedanke mehr machen, ob Sie perfekt mittig sitzen usw. Ebenso können Sie Ihre Position während des Gesprächs jederzeit verändern. Solange Sie im Erfassungsbereich der Kamera bleiben, wird Ihr Gegenüber davon nichts mitbekommen oder zumindest wird es nicht störend auffallen.

Diese Funktionen sind nicht alle revolutionär und manches ist auch schon von einzelnen Apps bekannt. Neu ist, dass dies alles nun direkt in Windows integriert ist und – abhängig von der vorhandenen Hardware – von allen Apps einheitlich genutzt werden kann.

Zum Schluss…

Wenn Sie Fragen haben, Feedback loswerden oder Ihre eigenen Erfahrungen teilen möchten, besuchen Sie mich im Internet unter **www.gieseke-buch.de**. Hier finden Sie auch weitere Informationen und Tipps zu diesem und anderen Themen meiner Bücher.

Eine Bitte in eigener Sache

Ich freue mich, wenn Sie Ihre positiven Eindrücke an andere interessierte Leser weitergeben, etwa durch **persönliche Empfehlungen**, **Rezensionen** auf einer der einschlägigen Plattformen oder auch durch Hinweise **in Foren oder sozialen Netzwerken**.

Dieser Titel ist ohne Marketing-Budget und Vertriebsstrukturen eines großen Verlages erschienen. Deshalb ist **Mund-zu-Mund-Propaganda** besonders wichtig. Wenn Sie also der Meinung sind, dass dieses Buch auch für andere Leser interessant und hilfreich sein könnte, dann **sagen Sie es bitte weiter**.

Vielen Dank.

Stichwortverzeichnis

Mehr

www.gieseke-buch.de

▶ mehr Bücher

▶ mehr Informationen

▶ Ergänzungen

▶ aktuelle Tipps

▶ direkter Kontakt